まちの発明家をめざすあなたへ

創造力の育て方

一般社団法人 発明学会 会長
東京発明学校 校長
中本繁実[著]

日本地域社会研究所　　コミュニティ・ブックス

趣味を実益に結びつけましょう。
趣味の中には〝特許〟に結びつく、題材が豊富です。
不平、不満、不便、不都合、不合理、不愉快、……。
こうした〝不〟がつくものは、どんな小さなことでも見逃してはいけません。
その小さな〝不〟を〝特許〟に結びつけましょう。
そのうまい方法をマスターしましょう。
本書は、○○の作品の「特許願」の書き方を、わかりやすく説明しました。

いままで、たくさんの読者から、発明の相談の手紙をいただきました。

その中に、次のような内容の質問、相談がありました。共通した質問もあります。ご紹介します。ご一読ください。

□自分で、出願の書類を書きたいので、書き方を教えていただけませんか。
□特許庁は、どこにありますか、出願の手続きは、どうすればいいですか。
□素晴らしい着想が浮かびましたが、試作品をつくらないと、出願の手続きは、できないのですか。
□製品に結びつく作品を考えるための「発明の入門書」を教えてください。
□素晴らしい発明が生まれたら、どこの会社に売り込み「プレゼン」をすれば、○○の作品を製品に結びつけていただけるのですか。

初心者「発明の入門者」の悩みに答えたくて、だれにでもわかるようにまとめました。

本書は、一度でも、いま、使っている商品の一部を改良したら便利になった。……、これは、いい発明じゃないか、と○○の作品を思いついたことがある人、新製品を生み出したい会社の製品開発の担当者のために書いた本です。


本書を読んだ人は、発明が次々と浮かんでくるでしょう。

あなたのかくされた能力が次々と目覚めます。

その発明の中で、どの作品の出願の手続きをして、権利化しておくべきか、そして、間違いのない出願の手続きはどうしたらいいか、どの作品が製品に結びつくか。

これらのことを、だれにでもわかっていただけるように〝一生懸命〟書きました。

はじめに

発明に興味をもつと、最初のころは、見たこと、感じたこと、何でも、気になります。それで、大丈夫です。とにかく、たくさんの件数を出す練習をすることです。

すると、珍発明、ユーモア発明、発明にならない作品もたくさん生まれます。

しかし、それが発明には、大変重要なことです。

なぜなら、型にはまった固い頭から、ユニークな発明は生まれないからです。

したがって、初期の発明の奇抜な着想は、大切にメモ帳、発明ノートに残しておきましょう。

そのとき、笑って、捨ててはいけません。大発明として、現在、大きな技術の成果をあげているものでも、初期の段階では〝珍発明扱い〟されていたのです。

だから〝思いつき〟の発明の数件は〝悪い〟というのではありませんが、そのままでは、製品に結びつかないのです。発明の〝思いつき〟の件数が多くなると、〝なるほど〟と感心する発明が生まれるようになります。また、それを見る目も、ひと味違ってきます。

そして、一歩、二歩、確実に前進します。こうしたら、……、と思うところが簡単に見つかるようになります。そうなったら〝発明力〟がついています。〝想像力〟がついた証拠です。

そこで、今度は、○○の作品の大きさ（寸法）を決めて、図面（説明図）を描いて、手づくりで、試作品をつくる練習をしましょう。

すると、その作品が本当に便利になったかどうかがわかります。

また、ここをこうすれば、もっと、便利になる。……、という点も見つかります。

見ただけ、考えただけの〝思いつき〟の○○の作品は、構造（しくみ）でも、効果でも、そうなるだろう。……、という想像です。

発明は、つねに、消費者に役に立つような作品にまとめることが大切です。

したがって、つくる人、売る人、使う人、すべての人が満足する条件を確かめることです。

それが、発明家の仕事です。

だから、素晴らしい○○の作品は、大きさ（寸法）を決めて、図面（説明図）を描いて、熱心に、手づくりで、試作品をつくるのです。そして、消費者に喜ばれる製品に結びつくように、テスト（実験）をして、改良を加えているのです。

次は、出願の書類を書いて、内容をまとめることです。書き方はやさしいです。

素晴らしい作品が生まれました。だから、すぐに、プロに依頼して、出願の手続きをしよう。……、と考えるのは早すぎます。特許の学習は、出願をすることが一番ではありません。

また、○○の作品について、一番詳しいのは、発明者のあなたですよ。子育てと同じです。あなたが○○の作品を大事に育ててください。

プロに依頼すると、書類にまとめなくていいでしょう。だから、ラクができるかもしれません。でも、数十万円の諸費用がかかります。最初から、製品に結びつくかどうかわからないのに、ムリをして、お金を使うのは損です。

そのときは、自分で、出願の書類を書くことです。すると、出願料の実費（特許印紙代・1万4000円）ですみます。そのくらいなら、たとえ、それが製品に結びつかなくても、しばらくの間、夢をみた、と思えば、そう高いものではないでしょう。

私のところでは、発明学校などに指導に行きますが、普通3時間くらい実習すれば、出願の書類が書けるようになります。書くときは、名文でなくていいのです。文章が苦手でも大丈夫です。悪文でも大丈夫です。

ただし、出願の書類の形式は、決まっています。だから、特許庁で、書類の整理がしやすいように、形式にしたがってまとめてください。

書き方は、とにかく、やさしいです。一緒に体験学習をしましょう。そこで、本書で、だれでも書けるように説明します。

〝思いつき〟の○○の作品の出願の手続きが、自分の力で、できるようにまとめました。だから、あなたも書けるようになります。そうすれば、製品化のコツがつかめます。そして、おかげさまで○○が製品に結びつきました。……、と書いたお便りをください。一緒にお祝いしましょう。私は、洒落も大好きですが、お酒も大好きです。

本書を出版するにあたり、だれにでもわかりやすくまとめるためのご助言をいただきました、門下生のはるなえみさんに心よりお礼を申し上げます。

大切なところは、何度も繰り返し説明しています。多少くどい点があるかもしれませんが、ご理解ください。

令和2年7月

中本繁実

もくじ

第3章 やさしい発明入門講座 科目「頭の使い方」……75

第1章
発明の学習をする前に、中本と初歩の発明家と一問一答

〝発明は難しい〟と思っている人が多いです。そこで、ある日の、中本（先生）と生徒（初歩の発明家）の一問一答を紹介します。読者も生徒になったつもりで、一緒に学習しませんか。

よろしくお願いいたします。

1．「喜怒哀楽《きどあいらく》」は、みんな「金〝こづかい〟の卵」

【ここが、チェックポイント】


人はだれでも、○○に対して、腹をたてたり、いやだ、と思ったりします。

私たちは、日々の生活の中で、不快な出来事を体験します。

心理学者は、この不快な出来事がノイローゼのもとだ、といいます。

ところが、この不快な出来事も考えようによっては、それが、みんなお金「こづかい」にかわります。〝頭の使い方〟次第です。

中本：○○さんは、毎日のように、ふと○○の作品を思いついた。……、とか、……、あっ、それで、思い出した。……、といった〝思いつき〟を生み出して、小さな喜びを感じていませんか。

生徒：自分では、○○の作品は素晴らしい！　と思いながらも、その〝思いつき〟は、その場かぎりで忘れ、そして、多くの作品を捨ててきました。

中本：その〝思いつき〟の○○の作品には、大変な財宝、幸運がかくされていますよ。

生徒：では、どうすれば、○○の作品を金銀に結びつけられるのですか。

中本：それを、教えたくて本書を書きました。

生徒：その内容を具体的に説明していただけるのですね。

中本：そうです。〝思いつき〟の○○の作品を捨てないで、どうすれば、次の〝思いつき〟の○○の作品を引き出せるのか、役に立てられるのか、深めていけるのか。

そして、それを実行していく道すじが、どんなに楽しく、生きがいがあるのか。

そのうちに、お金と名誉が、どうして、ついてくるのか。これから、説明しましょう。

生徒：それを、感じとればいいのですね。

中本：○○の作品が製品に結びつく道すじの定石を知って、実行していただきたいのです。

学習がいやにならないように、表現も、やさしくしました。

生徒：簡単だ、といわれても、言葉も、内容も難しそうで、不安ですが、大丈夫ですか。また、発明をしている途中で、特許の出願の手続きなどがありますが、初心者でもついていけますか。

中本：特許の権利を取る、というのでなく、人を好きになって、恋人ができて、結婚をして、子どもが生まれたら、それを役所に届けて、夫婦、親子になるように、その届けによって、愛情を、5倍、10倍に高めて、それにエネルギーを注いでいただきたいのです。

生徒：〝思いつき〟の○○の作品で、心も、ふところも、豊かになって、夢も大きく育ち、いつも、楽しい毎日になりそうな気になってきました。

中本：そうです。本書は、心も、ふところも、夢も、大きくするバイブルです。大いに活用してください。

2. 知識と特技を活かせば、○○の作品は、自然に製品に結びつく

【ここが、チェックポイント】

新しいことを考える。発明をする。……、というのは、○○の作品を製品に結びつけたい。……、という人が、そのプロセスを楽しむための手段です。

あなたも、○○の作品は、１番だ！　最高だ！　と思って、発明を楽しんでください。

そして、発明に〝恋〟をしてください。

生徒：中本先生、私に、どんな発明ができますか。

中本：○○さんの自慢の特技を教えてください。何年も、何十年も、学習して得た豊富な知識が頭「脳」につまっているでしょう。その○○が得意、といっている自慢、自信のタネを、もっと、もっと、育てていただきたいのです。

生徒：どうすれば、できますか。

中本：一番、大好きなことにチャレンジすればいいのです。そうすれば、頭「脳」が活かせます。

自慢の特技が活かせます。ムリをすることもありません。自然体でできます。笑顔、笑顔の毎日になりますよ。だから〝だれでも発明家になれる！〟のです。

生徒：だれでも知っている事例を、なにか、一つ教えてください。

中本：ジュースのストローの首のところに、ジャバラがついているでしょう。それをヒントにして「伸び縮みする貯金箱」を考えた人がいます。○○銀行が採用した作品です。それを聞くと、うまいこと考えたなあー、と思うでしょう。きっと、だれでも、感動すると思います。そうすると、「伸び縮みする水筒」、「伸び縮みするメガホン」、「伸び縮みする長靴」、……、などの作品を思いつくでしょう。

生徒：確かに〝なるほど〟と思います！

中本：素晴らしいことには、自然に感動できると思います。そのとき、その感動をそのままにしないで、その次に、私なら○○を○○にしよう。……、と考えていただきたいのです。

生徒：先生、普段の生活にも、活かせますか。

中本：活かせますよ。たとえば、次のように考えることです。とても簡単なことです。
○○の作品を考えて、会社の売り上げをのばしたい。
○○の作品を考えて、彼女（彼）の心を引きつけたい。

……、と考えると、すべて、いい方向にもっていけますよ。

だから、職場（学校）などで、人気がある人は、みんなが喜んでくれることを、いつも、
５個も、10個も、考えています。

こういったうれしいことは、仕事でも、学習でも同じです。

考えることが好きでしょう。それなら、不景気な世の中を乗り越えることができます。

生徒：私は学生のとき、理科、数学は、苦手な科目でした。だから、発明は向いていない。
……、と思っています。

中本：理科、数学の苦手と、発明をすることは、関係ありませんよ。だから、心配しなくても
大丈夫です。安心してください。

生徒：先生、私の自慢の特技って、特にいえるものがありません。

中本：そんなことはありませんよ。大好きな時間、大好きなこと、あるでしょう。

その大好きなこと、大好き、……、で終わらせないでいただきたいのです。

それを、徹底的に、極めて、こだわればいいのです。

3．タダの頭「脳」を使って、日々の生活を楽しもう

【ここが、チェックポイント】

発明家は、大好きで、得意なテーマ「科目」だけを選んでください。
大好きなことなら、何時間も、何日もあきることもなく、夢中になれます。
自信をもって、○○のことなら、私にまかせて！ といえる。……、と思います。

生徒：どうすれば、お金を使わなくても発明を楽しめますか。

中本：得意なテーマ「科目」なら、自信をもって、私にまかせて！ と言えるでしょう。

生徒：ハイ。

中本：私は、発明の学習をスタートした時点で、〝思いつき〟の○○の作品に対して、権利を取るために、ムリをして、数十万円も、お金を使ってほしくないのです。
たとえば、はさみの刃に目盛りをつけることで、物差しとしても使える「目盛りをつけたはさみ」を考えたとしましょう。そのとき、自分で、先行技術（先願）を「特許情報

プラットフォーム（J-PlatPat）」で、調べていただきたいのです。

生徒：初心者でも、「目盛りをつけたはさみ」の先行技術（先願）を調べることができますか。

中本：大丈夫です。さっそくですが、一緒に、「特許情報プラットフォーム（J-PlatPat）」を見てみましょう。「目盛り　はさみ」が検索のキーワードになります。画面を見てください。どうですか、難しくないでしょう。

生徒：これくらいなら、自分でもできそうな気がします。

中本：そうでしょう。大好きなことです。だから、前向きな気持ちになれるのです。

生徒：こういった先行技術（先願）の情報を参考にして、自分で、書類を作成すればいいのですね。ところで、出願料（特許印紙代）はいくらですか。

中本：特許の出願料は、1万4000円（特許印紙代）です。実費だけで出願の手続きができますよ。

生徒：30万円も、50万円もかかると聞いていますが。

中本：その金額は、出願の手続きをプロにお願いしたときの諸費用です。

生徒：わかりました。

中本：たとえ話が突然すぎますが、……。

生徒：〇〇さん、職場（バイト先）に、気になる人がいるそうですね。

中本：ハイ、それで、ある日、勇気を出して、デートに誘いました。
だけど、費用のことで、悩んでいます。

生徒：現実問題、費用、どうしますか。プレゼント（!?）、30万円、50万円、……。
そんなことはないでしょう。まだ、〇〇さんの気持ちも確かめていないでしょう。
近い将来、結婚してくれるかどうかもわかりませんよ。

中本：自分の給料（アルバイト代）を考えると、1回のデート代にそんなに使えません。

生徒：あたりまえですよ。恋愛でも、特許でも、ムリをしてはいけません。
ムリをしているあなたに、〇〇さんは、信頼してついてきてくれませんよ。

中本：でも、特許は、お金を使わないと権利は取れないのでしょう。

生徒：素晴らしい〇〇の作品の権利を取ることは、とても大切なことです。

中本：だって、権利が取れれば、〇〇の作品は製品に結びつくのでしょう。

生徒：権利のことは気になると思いますけど、「出願＝権利＝製品」では、ありませんよ。

中本：どうすれば、「出願＝製品」に結びつけられますか、教えてください

生徒：では、発明学校で、発明の基礎を学びましょう。発明学校は、小学、中学、高校の学習

と違います。大好きで、得意なテーマ「科目」を1科目選択して、学習するところです。

だからこそ、元気と、やる気と、製品化のゴールを目指すことができるのです。

生徒：やる気が出てきました。私も、発明学校に出席して、発明の基礎を学習します。

○○の作品を製品に結びつけられるように教えてください。

中本：一緒に、楽しく学習しましょう。「発明入門講座」を担当する講師は、私、中本繁実です。

言葉遊び（ダジャレ）も一緒ですよ。

「発明入門講座」は、「火・木（科目）」だけでなく、毎日ですよ。

知識がたくさんつまっているタダの頭「脳」を使ってください。そして、小さな○○の作品が製品に結びつくように工夫して「発明ライフ」を楽しみましょう。

第2章
小さな発明を大切にしよう

1. 発明はだれでもできる

人は、だれでも発明家です。

ただ、本人が〝私は、発明家だ〟と思っていないだけです。

私たちの日常生活において、家庭でも、職場でも、学校でも、□ああー、面倒だなあー。□もったいないなあー。□もっと早く、うまくできないかなあー。……、など、見るもの、聞くもの、自分の思いどおりにならないことがたくさんあります。どんなにぜいたくな生活をしている人でも、人の欲望には際限がありません。

だから、□こうもしたい。□ああーもしたい。……、と考えます。

そのとき、どうすれば、その欲望を満足させられるか。

……、と考えます。そうです。あなたは、発明家だったのです。

私は、いつも〝言葉遊び（ダジャレ）〟で「話題（笑い）」を提案しています。

★手提げ袋の取っ手

近くに紙袋ないですか。取っ手の部分を見ていただきたいのです。両側の取っ手の位置がズレているでしょう。気がついていましたか。……、では、なぜでしょう。紙袋を重ねて保管するとき、かさばらないようにするためです。〝なるほど〟すごいですね。

こういうところに気がつくと、あなたが発明した作品は、すごい製品に結びつきますよ。

どうですか。……、とってもいい話でしょう。

★プラスねじ

たとえば、図のような、マイナスの木ねじをねじ込んだことがあるでしょう。

そして、そのうち、何回か、途中で、ドライバーを差し込む溝がこわれて、抜き差しができないようになり、困ったなあー、どうしよう。……、と思ったことがありませんでしたか。

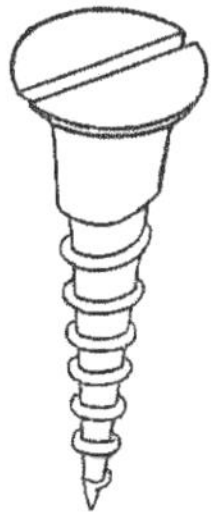

そこまでは、世界中の何千万人も、何億人も、繰り返し、体験したことでしょう。

ところが、そのとき、しゃくだなあー、ではすませなくて、……、なんとか、この溝がこわれない方法はないか。……、と考えるのです。すると、改良したねじは、大発明につながるのです。

これくらいの課題（問題）なら、一日か、二日あれば、解決できる答えが見つかるでしょう。

溝が1本です。だから、溝がこわれると困ります。それなら、もう1本増やして、十字（プラス）の溝をつくればいいじゃないか、……、と考えたのです。

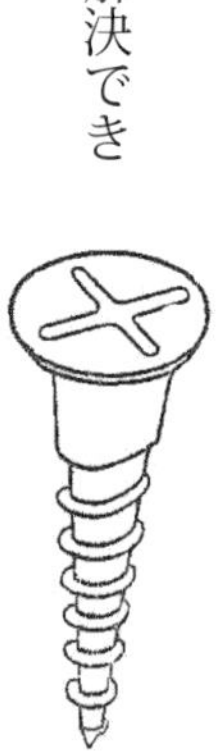

これが、アメリカのフィリップが発明したプラスねじです。

★亀の子だわし

日本でも、素晴らしい発明をした人がいます。亀の子だわしを発明したNさんです。

寒い冬の朝、醤油の樽《たる》をわらたば（藁束）で洗っていたNさんは、なかなかきれいにならない樽に、冷えきった手をこすりながら、もっと早く、きれいになる方法はないかなあー。……、と考えました。そして、Nさんは、2本の針金の間に、短く切ったシュロ（棕櫚）の繊維を並べ、針金をよじり、毛虫のような形のものをつくり、それを曲げて、現在の亀の子だわしをつくったのです。特許庁に手続きをしました。だから、莫大な財産を得たのです。

※わらたば（藁束）は、稲の実を取ったあとの茎、葉を束にしてまとめたものです。

※シュロ（棕櫚）は、ヤシ科の常緑高木の植物で、幹は直立し、枝がなく、麻のような毛で覆われています。

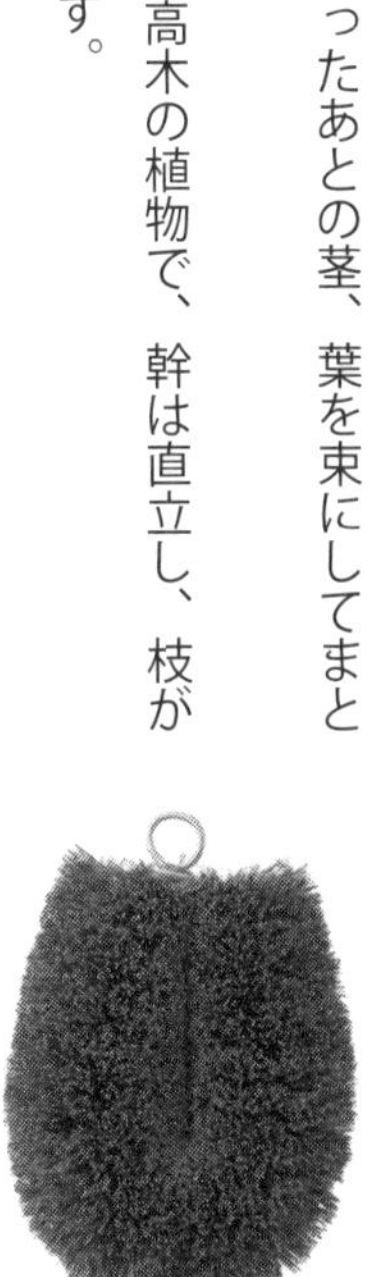

■作品をまもってくれるやさしい産業財産権

●産業財産権「特許・実用新案・意匠・商標」

□①特許（発明）：Patent　パテントは、特許の意味です。
PAT.P (Patent pending)：特許出願中の意味です。

物の発明、方法の発明を保護します。

特許の権利期間は、出願の日から20年です。

医薬品の一部の分野では、延長登録出願により存続期間は、５年を限度として延長することができます。

□②実用新案（考案）：utility model
物品の形状、構造、組み合わせの考案を保護します。

実用新案の権利期間は、出願の日から10年です。
□③意匠（デザイン）：design
物品の形状、模様、色彩などのデザインを保護します。

意匠の権利期間は、出願の日から25年です（令和2年4月1日に改正されました）。
□④商標（ネーミング、サービスマーク）trademark/service mark
文字、図形、記号、立体的形状の商標を保護します。

商標の権利期間は、設定登録の日から10年です。

一定の要件を満たせば、商標権だけは、存続期間の更新登録の申請をすれば、何回でも期間の更新をすることができます。

それで、商標権は「永久権」ともいわれています。

「®（マルRマーク）：登録商標」（registered trademark）

2. 私の発明の目標・テーマ「科目」の決め方

●得意で、大好きな分野の中から、発明の目標・テーマ「科目」を決めよう

○○の作品を出願の書類にまとめて、それを、製品に結びつけたいです。そのとき、実現できるポイントは、発明のテーマ「科目」の決め方です。

だから、得意で、好きな分野で、これは、といった具体的な発明のテーマ「科目」を決めましょう。

すると、この時点で〝目標〟の6～7割は、達成した。……、と思っても間違いないです。

それなのに、最初のころは、たとえば、一定の量が出せるような容器を考えていたか、と思うと、次は、玩具の改良をしたり、ハンガー、まな板の工夫に飛びついて、何でも、自分の発明のテーマ「科目」にする人がいます。

それも、最初は、工夫する習慣をつけるために必要なことです。だけど、いつまでも、それを続けてはいけません。発明も〝浮気〟をしてはいけないのです。それを〝浮気発明〟といいます。製品に結びつく、深みのある作品が生まれないからです。

その程度の工夫なら、おそらく、大先輩が考えていた。……、と思うし、Aの方法、Bのやり方でも簡単に問題（課題）を解決できる。……、といった程度のもので終わってしまいます。

だから、本当に、知識が豊富で、得意で、好きな分野にチャレンジすることが大事なのです。

●自分で、手づくりで、試作品がつくれて、テスト（実験）ができるものの中から発明の目標・テーマ「科目」を決めよう！

読者から相談を受けるものの中に、……、○○の作品を考えました。でも、手づくりで、試作品がつくれなくて、困っています。試作品をつくってくれる会社を紹介していただけませんか。……、といった内容の相談です。

同じように、手づくりで、試作品がつくれない。……、といって、町（個人）の発明家が悩みます。

発明の着想自体が素晴らしければ、試作品は、ムリをしてつくる必要はありません。

大きさ（寸法）を決めて、図面（説明図）を描いて、○○の作品、特許出願中です。……、と書いて、第一志望の○○会社に売り込み「プレゼン」をするのです。先方の担当者に気に入っていただけたら、試作品もつくってくれるし、製品に結びつけてくれます。

「発明の入門者」は、○○の作品の試作品をつくってくれる会社を紹介してください。

……、と簡単にいいます。だけど、費用が、何万円も、何十万円もかかりますよ。

それでは、お金が大変です。最初から、ムリをしてはいけません。

そこで、自分で、手づくりで、試作品がつくれて、テスト（実験）ができるものの中から、発明のテーマ「科目」を決めることです。それが、○○の作品が製品に結びつく、最短の近道です。

●発明のテーマ「科目」の決め方のポイント

テーマ「科目」を決めるときのポイントは、何だ、と思いますか。

（1）一つめは、自分の豊富な知識と経験の中から選ぶ。

（2）二つめは、自分で、手づくりで、試作品をつくれるものを選ぶ。

（3）三つめは、多くの消費者が望む身近なテーマ「科目」を選ぶ。

どうでしょう。……、意味、わかっていただけましたか。

大切なお金、時間をムダにしないようにしましょう。

たとえば、携帯電話、スマートフォンの改良にチャレンジした人がいます。

ところが、通信工学、電子回路、情報工学などの分野の学習をしていないそうです。

考えている内容が素晴らしくても、課題（問題）を解決するための方法、説明できますか。

図面（説明図）を描いて、出願の書類にまとめることができますか。

……、できなければ、自分一人では、どうすることもできません。

だから、自分の日常生活の中から、身近なところから、テーマ「科目」を決めることです。

得意な分野なら、テーマ「科目」に対して、専門的な知識も、経験も、自信もあるでしょう。

課題（問題）の分析も、解決も、簡単にできるでしょう。自信をもって、大きさ（寸法）を決めて、図面（説明図）を描いて、手づくりで、試作品もつくれるでしょう。テスト（実験）をすれば、便利になったか、効果も、すぐに確かめられます。これで、悩みは、解消します。

●私の発明の目標・テーマ「科目」

年　月　日

□①名　前

□　②　今月・今年
□　③　発明の目標・テーマ「科目」
□　④　売り込み「プレゼン」をしたい第一志望の会社
□　⑤　契約金
□　⑥　ロイヤリティ（特許の実施料）
※　以上のようなことを色紙に書いて、いつも見えるところに貼っておくと効果があります。

■目標を実現させて、すぐに使える「契約書」の見本

「契約金」、「ロイヤリティ（特許の実施料）」は、どれくらいですか。
これは、発明の内容と種類にもよりますが、平均的にいうと、次のようになります。
□「契約金」：10～１００万円くらいです。
□「ロイヤリティ（特許の実施料）」：２～５％くらい、というのが一般的です。

売買の契約は、両方に欲が出るので、間に立ってもらったほうがうまくまとまりやすいです。それで、一般社団法人 発明学会（会員組織）に仲介の労を頼む人が多いようです。

「契約書」の見本は、普通の民法によるものと同じです。

そこで、「契約書」の見本の一例を紹介します。次の通りです。

●「契約書」の見本

契　約　書

甲（権利者）○○県○○市○○町○丁目○番○号
○○○○ 株式会社

乙（使用者）○○県○○市○○町○丁目○番○号
○○○○ 株式会社
代表取締役社長　○○　○○

甲と乙は、左記出願中の条項について、一般社団法人 発明学会 立会のもとに専用実施権の設定契約をする。

第一条　甲と乙は、次の内容について契約をする。
特願○○○○‐○○○○○○号
発明の名称　○○○○
第二条　専用実施権、および権利発生後の専用実施権の範囲は、つぎの通りとする。
期間　契約の日より権利存続中
内容　全範囲
地域　国内
第三条　乙は、この本契約について、質権を設定し、または他人に実施を設定してはならない。ただし、甲乙協議によって実施者を設定することができる。
第四条　乙は、自己の費用をもって権利発生後の専用実施権設定登録の手続をすることができる。
第五条　この契約によって乙は甲に対し、実施契約金として○○万円、実施料として、卸し価格の○％の使用料を支払うものとする。
第六条　前条の使用料は、経済事情その他に著しい変動が生じたときは、甲乙協議の上でこれを変動することができる。

協議がととのわないときは、立会人 一般社団法人 発明学会の意見にしたがう。すでに支払われた実施契約金、および使用料は、理由のいかんを問わず甲は乙に返還しない。

第七条 使用料の支払は、毎月○○日締切りとし、翌月○○日までに、甲の指定する金融機関 ○○銀行 ○○支店 普通預金口座 ○○○○（口座番号 ○○○○）に振り込み、全額支払いをする。

第八条 甲は、一般社団法人 発明学会を通じて必要に応じて乙からこの本契約の実施の状況、その他の必要な事項について、その報告を求めることができる。

第九条 乙は、契約の日より1年以内に製造販売し、また、特別の事情がない限り1年以上にわたり製造を中止してはならない。

第十条 この本契約については、虚偽の報告、その他、不法行為等があったとき、甲は損害賠償の請求をすることができる。

第十一条 第二条、第三条、第五条より第十条について、乙、または甲が違反した場合、立会人 一般社団法人 発明学会 の了解のもとに、この契約を解除することができる。

第十二条 その他、細則については、そのつど書面で定める。

以上の契約を証するため、本書3通を作成し、署名捺印の上、各自その1通を所持する。

○○年○月○○日

甲　○○県○○市○○町○丁目○番○号
　　○○　○○　（印）

乙　○○県○○市○○町○丁目○番○号
　　○○○　株式会社
　　代表取締役社長　○○　○○　（印）

立会人　東京都○○区○○町○丁目○番○号
　　一般社団法人　発明学会
　　○○　○○　（印）

〈まとめ〉

契約おめでとうございます。応援してくれた人に心から感謝しましょう。

だれでも、〝思いつき〟の発明からスタートしていますよ。そして、出願の書類にまとめて、製品に結びつけるには〝目標〟を決めることです。計画と行動することです。

□計画は〝目標〟の第一志望の○○会社を決めることです。

□行動は、売り込み「プレゼン」をすることです。

そうです。……、このように、楽しい道のりにしましょう。

参考文献は、拙書『こうすれば発明・アイデアで一攫千金も夢じゃない！　あなたの出番ですよ！』（日本地域社会研究所刊、２０１８年）などがあります。

3. 世の中の利益につながるか

●発想の根本を他の人（第三者）を中心にしよう

あなたが発明した○○の作品が世の中に出るための条件があります。

それは、その作品が他の人（第三者）のため、世の中のためになる要素をそなえていることです。世の中の利益につながる作品であることが大切だ、ということです。

発想の根本を他の人（第三者）を中心におくと、製品に結びつく本物の発明が生まれる。……、ということです。製品に結びついた作品には、多くの教訓が隠されています。

あとで説明すれば、何か簡単に製品に結びついたように聞こえますが、もちろん、そんなことありません。○○の作品の大きさ（寸法）を決めて、図面（説明図）を描いて、手づくりで、試作品をつくり、テスト（実験）をした結果、最初はうまくいかなくても、失敗を重ねた悪戦苦闘の結果なのです。それは、他の人（第三者）に喜んでいただけるように工夫したからです。

そこで、読者のみなさんには、次のことを念頭において、素晴らしい○○の作品を製品に結びつけていただきたいのです。

（1）難しい発明のテーマ「科目」は避けよう

○○の作品の分野の経験、知識、技術がありますか。その課題（問題）を解決するための手段（方法）を、説明できますか。……、それができないと、答えは書けません。

たとえば、電車のスピードをアップするために、超伝導（リニアモータ）の技術を活用することです。あるいは、バイオ（生命工学の分野）の技術を応用して、食べものの味をよくしよう。……、と考えることです。カッコイイです。

発想がカッコよくても、課題（問題）を解決するための解答が書けないのです。

したがって、最初は、職場、家庭などで直面する身近な課題（問題）に注目してください。そして、どうやって解決したらいいか、と考えるのです。その中で、解答がすぐに書けるものを一つ選ぶのです。さらに、手づくりで、試作品がつくれるものにしてくださいね。

自分で試作品がつくれないと、お金がかかります。

なぜでしょう。□それは、図面(説明図)が描けないからです。□大きさ(寸法)も決めないで、簡単なメモを書いて、人に依頼するからです。□その結果、自分が思っているとおりに試作品ができないのです。

大好きなことにチャレンジしましょう。そうすれば、実費だけで、発明を楽しめます。

（2）ムダなお金は使ってはいけない

発明の創作活動の中で、タダの頭と手と足を使ってもＯＫですが、有料でムダなお金を使わないようにしていただきたいのです。

お金を使ったから、といって、製品に結びつく○○の作品が生まれるわけではありません。

また、製品に結びつきます。……、という保証もありません。

〝製品に結びつくパスポート〟、誰も発行してくれませんよ。

スタートの方法を間違うと、いつまでたっても製品化のゴールに、到着できません。途中で疲れてしまいます。お金（資金）も、気持ちの余裕も、なくなります。

作品を製品に結びつけるために、タダの頭を使いましょう。

ムダなお金を使うためために、タダの頭を使ってはいけませんよ。

（３）数をたくさん提案する

素晴らしい○○の作品が製品に結びつく確率は、量（数）に比例するといわれています。

また、課題（問題）を解決するための手段（方法）も、一つだけではない。……、ということです。とにかく、数をたくさん提案することです。

（４）〝アイデアは愛である〟

発想の基本は優しさです。たとえば、子どもをいかにかわいくしてあげるか、……、といった視点をもってください。そのほうがいいものができます。

(5) メモを取る習慣をつける

発明、創作の第一歩は、不便なこと、困ったことを解決することです。

したがって、多くの人は、その解決方法をたくさん考えます。たとえば、電車の中で、素晴らしい○○の作品を思いつきます。でも、少し時間がたつと忘れています。

そこで〝思いつき〟のヒント、腹がたったことなどを、必ず発明ノートにメモを取っていただきたいのです。とりあえず、たくさん答えを考えましょう。そして、自慢してください。

4. 発明はどこから生まれるのか〝必要は発明の母〟

では、発明のキッカケは、どこから生まれるのでしょうか。

むかしは〝必要は発明の母〟とよくいわれていました。

だから、必要になったとき、発明が生まれる。……、と思っていました。

ところが、この世の中のテンポが速くなりました。すると、それでは、遅すぎます。

町(個人)の発明家の間で、言いかわされる言葉は、くそっ! と思ったら〝金の卵〟がある。

……、という言葉です。

世の中が複雑になればなるほど、ああ、よかった、というような感情は少なくなります。

しかし、その反対に、腹が立つこと、心配なこと、ああー困った、……、というような、自分が欲しくない感情は、ひっきりなしに、起こります。

それで、腹の中に、つもりつもると、いわいる文明病であるノイローゼ、不眠症になります。

ところが、この現代病の原因をうまくつかめば、発明のきっかけになります。

このテクニックは、腹が立ったら、まず、それを、Uターン的思考で、課題（問題）をとらえることです。……、どうしたら、腹が立たなくなるか。

そのように考えると、そこに「金〝こづかい〟の卵」があるのです。

5. 迷案、珍案でいいから、たくさん作品を考えよう

発明の件数をたくさん出させる方法で、一部の会社の上司が間違っていることがあります。

それは、部下に対して、いい案を出せ、と言うことです。

発明の初歩の人に、会社が儲かる案を出せ、と言うのが、一番禁句です。

なぜなら、いい案を出せ、というと、みんな行き詰まってしまいます。その結果、案を1件も出せないのです。

そこで、初めは、迷案、珍案でいいです。だから、たくさんの作品を出そう。……、というように指導すべきです。迷案でいいですよ。珍案でいいです。……、と言うと、リラックスできます。そして、たくさんの案が出てきますよ。

これは、部下に言うべき言葉ではなく、自分自身に言い聞かせる言葉です。

世界の学者が声をそろえて、発明は、量、量、量、量である。質ではない。……、と言います。

上に立つ人は、気をつけましょう。

ミキモトの創業者、御木本幸吉氏が曰く、私は真珠については、世界で一番です。会社で、私、部下が考えた発明は、3万件あります。しかし、事業化して、儲けたのは、その中の、13～14件です。

そうすると、2万9986～7件までは、迷案、珍案で、役に立たないものばかりです。しかし、この多くの迷案の件数のおかげで、事業化できる十数件の発明が生まれました。

だから、悪い案も出ない人に、どうしていい案が出ますか。まず、悪い案でいいから、たくさん出すことです。……、と言います。まさに名言です。

それについて、思い出すのは、ホームランの神様であるベーブルースがいった、ホームランの数は、振ったバットの数に比例する。……、まさに、名言です。

発明も、まさに、その通りです。まず、迷案、珍案をたくさん出すことからです。

6.〝思いつき〟は製品化の出発点

●○○の作品を完成させるために、積極的で、前向きな練習が必要

〝思いつき〟の作品のままで、第一志望の○○会社に、○○の作品を製品に結びつけていただけませんか、……、とお願いしても、製品化は難しいです。

また、未完成のままで、出願の手続きをしてはいけません。日本は、先願主義です。だけど、出願の手続きを急いではいけません。〝出願＝権利＝製品〟ではないからです。

急いで、出願の手続きをするより、○○の作品は、特許出願中（ＰＡＴ・Ｐ）です。……、

と書いて、第一志望の会社に売り込み「プレゼン」をすることとです。製品に結びつくか、確かめることができます。

ここで、盗用されたら、どうするんですか。……、と言って心配をする人もいます。会社は勝手に出願の手続きをするようなことはしません。会社の信用問題になります。

積極的に、発明コンクール、ミニコンクールに応募すれば、いいものができて、しかも、製品に結びつく方向が見えてきます。それだけがんばったのです。だから、大丈夫ですよ。

そこで、とりあえず、○○の作品は、○年○月○日に考えました。……、と言えるように、創作した事実を出願の書類にまとめて、残しておいていただきたいのです。

たとえば、料理が大好きな人も、○○のスポーツが大好きな人も、カラオケが大好きな人も、もっと、うまくなりたい、……、といって秘かに練習をすると思います。

●○○の作品を完成させてから、出願の準備をする

自信を持って、○○の作品は、素晴らしいです。……、と言えるように、○○の作品を完成させましょう。手づくりで、試作品をつくりましょう。積極的にチャレンジして完成度を高めましょう。

それから、出願の準備をすればいいのです。そんなに心配しなくても大丈夫です。そのほうが費用をムダにしなくて、発明を楽しむことができます。

思いついた○○の作品が最高です。……、と思う気持ちはよくわかります。

それは、たとえば、○○さんに、あなたのことが大好きです。……、と告白したときと同じ気持ちだと思います。でも、勇気を出して告白しても、□私は結婚しています。□私は好きな人がいます。……、と言われてしまい「片想い」で終わるケースもあります。

特許も、○○の作品、先行技術（先願）があります。……、で、終わるケースがあります。ウーン、淋しいことです。情報を集めて、準備をすれば、このような体験をしなくてすみます。

●○○会社に積極的に売り込み「プレゼン」の体験をしよう

○○の作品に、自信満々のときは、自分では、欠点（問題点）が見つけられません。

そういうときは、他の人（第三者）が、○○の部分がわるい、○○の部分がよくない。……、と素晴らしいアドバイスをしてくれます。積極的に改良すれば、もっとよくなる点を指摘してくれています。ところが、気持ちに余裕がありません。それで、苦言を受け入れられないのです。

そこで、いまは、○○の作品、特許出願中です。……、と手紙を書いて、第一志望の○○会社に売り込み「プレゼン」の体験をしてください。すると、なるほど、世間はそう甘くはないなあー。やはり、そうか。……、といったことを体験できます。発明の評価について、早く納得できる方法です。それがわかれば、製品に結びつく日も近いです。

何もしないで、発明の芽を摘むより、自信をもって、○○の作品を製品に結びつけることができるように、○○の作品を育てることが大切です。

■売り込み「プレゼン」をするときに、すぐに使える手紙の書き方《文例》

○○○○ 株式会社

社外発明　企画開発担当者 様

手紙を見ていただきましてありがとうございます。

拝啓

貴社ますますご隆盛のことと、お喜び申し上げます。

いつも、御社の商品、○○を愛用させていただき、その便利さに感謝しております。

さて、今回、○○の作品を考えました。
○○の作品が製品に結び付くか、ご批評をお願いしたく、手紙を書きました。
内容を簡単の説明させていただきます。
○○の作品は、……………………………………………………………
……………………………（内容をわかりやすく書いてください）……………………………

……………………………………………………………………………………。

すでに、手作りで、試作品を作り、何カ月も使っています。

イラスト（写真）を同封いたします。ごらんください。

余計な時間をとっていただいて恐縮ですが、企画開発部のほうで、ご検討、お願いいたします。

製品に結びつけることが難しそうでしたら、今後の方向性など、プロのご助言、ご指示などいただけましたら幸いです。

ご無理なお願いをして恐縮ですが、今後、○○の作品をまとめるとき、いい学習になりますので、よろしくご指導お願いいたします。

まずはお願いまで。

【説明図】

〒・住所（フリガナ）

氏名（フリガナ）　　（　歳）

TEL　FAX　E-mail

※簡単な自己紹介を書くと効果的です。

出身地、趣味、得意な分野などを書くだけでもいいと思います。

「経験値」、「得意技」をPRしてください。

担当者も返事がしやすいと思います。

最後までご一読いただきましてありがとうございました。

心から感謝いたします。

手紙の書き方は、だいたい以上のような形式です。参考にしてください。

手紙と一緒に、「〒・住所、氏名を書いた（返信用の切手を貼付した）封筒、または、宛名を印刷したシール」を入れておくと様子が早くわかります。会社の担当者が気に入ってくれると、すぐに返事がきます。あとは、その返事によって行動すればいいのです。

手紙につける図面は、写真のように一目でわかるので、斜視図「立体図」が一番です。普通の製図（平面的な図面）では、図面が苦手な人にはわかりにくいからです。

もし、あなたが斜視図の描き方を知っていれば、斜視図を活用してください。○○の作品のポイントが一目で理解できます。だから、効果的です。

斜視図を描くための参考文献は、拙書『これでわかる立体図の描き方〔基礎と演習〕』（パワー社刊、２００８年）などがあります。

売り込み方の参考文献は、拙書『企業が求める発明・アイデアがよくわかる本　夢をお金に変える方法を教えます！』（日本地域社会研究所刊、２０１８年）などがあります。

7. 手づくりで、試作品づくりに力を入れる前に、先行技術（先願）を調べよう

●○○の作品に関連した情報を集めよう

素晴らしい○○の作品を思いつきました。

そのとき、手づくりで、試作品をつくる前に、やっていただきことがあります。

それは、「特許情報プラットフォーム（J-PlatPat)）」で先行技術（先願）を調べることです。
○○の作品に関連した情報を確めたくて、そのままの状態ですすめていくと、すでに、先行技術（先願）があることが多いからです。ここで、パソコンの操作に自信がない人は、気軽に相談してください。一緒に簡易検索をしましょう。
情報を確かめたら、今度は、自分で、先行技術（先願）の公報を参考にしながら、大きさ（寸法）を決めて、図面（説明図）を描くのです。そして、手づくりで、試作品をつくってみるのです。

そして、便利になりましたか、テスト（実験）をして、効果を確かめていただきたいのです。

□手づくりで、試作品をつくる↓製品に結びつきやすい。
□手づくりで、試作品をつくらない↓製品に結びつきにくい。
そうです。試作品づくりに、○○の作品が製品に結びつきにくい理由があったのです。

発明と試作、テスト（実験）、それは、理科とテスト（実験）よりも、ずっと重要で大切なことです。理科のテスト（実験）は、その特性を確かめることが目的です。

たとえば、単三の電池を2個、直列と並列につないだとき、豆電球はどちらが明るく点灯するか、……、といった課題（問題）のとき、それを確かめるためにテスト（実験）をしましたよね。


ところで、家庭用品の発明で、製品に結びついた作品は、圧倒的に女性が多いです。

その理由は、簡単です。
□日ごろ、経験している生活の中から、不便だ、困った、……、といったことを見つけて、その課題（問題）を解決しているからです。
□○○の作品に自信をもっているからます。
□説明がうまいからです。

□発明のテーマ「科目」を身近で、手づくりで、試作品がつくれるものを選んでいるからです。

★「洗濯機の糸くず取り具」は、町の発明家の素晴らしい教材

私も、発明の学習をスタートしたとき、発明学会の創設者の豊沢豊雄先生に一番に教えていただいたのが、笹沼喜美賀さんが発明した「洗濯機の糸くず取り具」でした。

「洗濯機の糸くず取り具」は、多くの本に教材として紹介されています。

その過程をご本人からも聞きました。そのときのことをよく覚えています。

要点を簡単に紹介してみましょう。

「図面」は、上から順番に、【図1】は、柄をつけた「糸くず取り具」の説明図です。【図2】は、吸盤を付けた「糸くず取り具」の説明図。【図3】は、小さな浮袋を付けた「糸くず取り具」の説明図です。

「図面」

【図1】

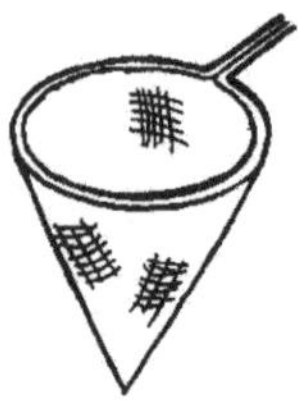

【図2】

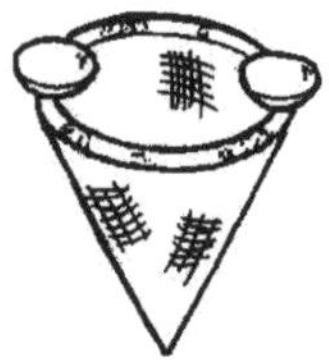

【図3】

洗濯機で、白のワイシャツ、セーターを洗ったあと、よく見ると、糸くずが浮いています。

それを、うどんをすくい取るように袋ですくい取ったら、……、と思ったのです。

それで、ストッキングを輪切りにして、尻を結んでみました。

それに柄をつけました。これで、「糸くず取り具」ができました。簡単な試作品です。

大きさ（寸法）を決めて、図面（説明図）を描きました。それから、手づくりで、試作品をつくりました。効果を確かめたくて、テスト（実験）をしました。

すると、靴下を干したとき、糸くずがついていないのです。それが、何日か続いたそうです。

そして、ある日、疲れて、その手を止めてみました。すると、浮いた糸くずは、水の流れにしたがって袋の中にどんどん流れ込んでくるのです。

ハッとして、それから、袋を洗濯機に取りつけたのです。すると、自然に糸くずが取れることがわかったのです。笹沼さんが、図面（説明図）を描いて、手づくりで、試作品をつくり、発明の効果を確かめたから、このようなヒット商品が生まれたのです。

●○○の作品は、その内容で勝負しよう

○○の作品が、製品に結びついた事例を紹介すると、すぐに、それでは、難しい試作、お金のかかる発明はどうすればいいですか、……、といった質問を受けます。

手づくりでつくれない難しい○○の作品の試作品は、ムリをして、つくらなくても大丈夫です。お金を使って、プロの人に頼まなくても大丈夫ですよ。

そのときは、目標の第一志望の○○会社に、出願の書類のコピーと、図面（説明図）をつけて、売り込み「プレゼン」をすることです。

その中で、一人（一社）でいいです。気に入っていただけたら、その人（会社）が試作品をつくってくれます。さらに、○○の作品を製品に結びつけてくれます。広い世界の中で、たった一人（一社）でいいです。〝大好き〟といってくれる○○会社を見つけるのです。

8. 手づくりで、試作品をつくって気がつく、未解決の課題（問題）がわかる

●だれでも、もっと便利なものを求めている

だれでも、発明に興味をもつのは、○○の製品は、○○の部分をこのように改良すれば、もっと便利になるのに、使いやすくなるのに、……、とか、こんな製品があったら、もっと能率的に作業ができるのに、……、といった、小さなヒントからです。

こうした小さなヒントは〝思いつき〟のままで、何もしなければ、○○の作品は、製品に結びつきません。たとえば、第一志望の○○会社に手紙を書いて、売り込み「プレゼン」をしよう！　と〝目標〟を決めるのです。

だから、製品に結びつけるために、準備が必要です。□○○の作品を図面（説明図）にあらわすのです。□大きさ（寸法）を決めるのです。□手づくりで、試作品をつくるのです。

すると、試作品を作っている最中に、未解決の課題（問題）が浮かびあがってきます。

★布団のシーツがズレないように工夫

たとえば、寝る際に、布団のシーツがズレないようにするためにどうしたらいいか、……、と考えた人がいます。そして、一つの解決方法として、思いついたのが、次の作品です。シーツとふとんの両方にマジックテープ（登録商標）をつけて固定できるようにしたものです。一見、この解決案は素晴らしい。……、と思います。

それで、手づくりで、試作品をつくりました。そして、テスト（実験）をしてみました。しかし、どうにもうまくいきません。なぜか。……、シーツを洗濯すると、糸くずが、そのマジックテープにくっついてしまうのです。それで、うまく機能しなかったのです。

マジックテープが悪いわけではないですよ。使い方（用途）がよくなかったのです。

その考えた○○の作品の大きさ（寸法）を決めて、□使いやすくなったか。□うまく組み立てられるようになったか。□うまく動くようになったか。□効果があったか。……、じっさいに手づくりで、試作品をつくってみると、すぐに、確かめられますね。

●手づくりの試作品には〝説得力〟がある

じっさいに、手づくりで、試作品をつくってください。すると、
□組み立てがうまくできない。□思いどおりに動かない。□こんなハズじゃなかった。
……、といったケースがおこります。……、課題（問題）を早く、気づくことができるのです。その結果、逆に、考えていたことより、いい方法が見つかることもあります。

手づくりで、試作品をつくり、形にすれば〝説得力〟があります。文章を書いて、長々と説明するより、簡単に、わかっていただけるからでしょう。こういった状況の中で、
□手づくりで、試作品をつくるための材料がどこに売っているのか、わかりません。
□私は生まれつき不器用です。
……、といって試作品をつくらないのです。

手づくりで、試作品がつくれる発明のテーマ「科目」にチャレンジしましょう。ここが〝製品化〟に一番近いところです。だから、積極的にチャレンジするほうが、いい結果に結びつきます。

ここで、少しつっこんだ質問をすると、答えるとき、まだ、そこまでは考えていませんでした。

……、と小さな声になります。

●簡単な発明ほど、課題（問題）が残っている

目の前で、試作品を見せられると、〝なるほど〟と、すぐに納得できます。

自分の〝思いつき〟をじっさいに形にすることが大切です。

会社は、利益を追求します。だから、すぐに製品に結びつく○○の作品を求めます。

そこで、□大きさ（寸法）を決めて、図面（説明図）を描いて、手づくりで、試作品もつくってみるのです。□テスト（実験）をして、効果を確かめるのです。……、ここから、本当の試行錯誤がはじまるのです。会社は、難題を乗りこえた完成度の高い作品を求めます。

大好きな人が、レシピをいっぱい書いたノートを見せてくれました。そして、私は料理が大好きです。……、と言ってくれました。

一方、内緒で、お昼に弁当をつくってきてくれて、一緒に食べませんか。……、と言ってくれました。どうですか。このほうがずっとうれしいでしょう。感激するでしょう。

弁当は、1個（イッコ）です。顔も1個（イッコ）ですが、ニコっと、笑顔になるでしょう。

だから、好きな人には、大好きです。……、とはっきりいって、おつきあい、をスタートしないと、その人のことがわからないでしょう。それでは、いつまでも〝片思い〟のままですよ。

9．改良して、本当に便利になったのか

●○○の作品の製造コストが高くなっていないか、考えてみよう

○○の製品の外形の一部を改良しました。そして、手づくりで、試作品もつくりました。とても、便利になりました。それで、目標の第一志望の○○会社に売り込み「プレゼン」をしました。

1カ月後、返事がきました。うれしくて、急いで文面を読みました。……、内容は、お断りの手紙でした。……、着想は、素晴らしいです。……、と書いてありました。でも、具体的な理由は書いていませんでした。

そんなとき、考えていただきたいことがあります。

(1) 一つめは、構造（しくみ）です。……、複雑になっていませんか。

(2) 二つめは、製造コストです。……、便利になっても、価格が高くなっていないか、考えていただきたいのです。

それでは、身近な例で、説明してみましょう。

★容器に仕切りのあるびん

たとえば、容器のびんに仕切りを入れると便利だ、……、という作品です。一方に「醤油」を入れて、もう一方には「ソース」を入れることができます。少し考えると〝なるほど〟と思います。ところが、とくに、「発明の入門者」は、自分の作品だけに過大に評価をしてしまうのです。

★鉛筆の芯の長さの工夫

それに似た作品は、他にもあります。たとえば、鉛筆の芯は、最後の約5分の1は使えません。もったいないです。それなら、最初から使えない部分は、芯を入れないで製造すればいい、……、と簡単にいうのです。

●製造コストを考えてみよう

鉛筆の製造コストについて、一緒に考えてみましょう。たとえば、

□製造方法を工場見学に行って、調べましょう。

□製造方法を参考書で調べましょう。
そこで、材料費と人件費を比べるのです。それを考えると、すぐに答えはわかると思います。

発明者が、芯を短くしてつくれる自動の機械を発明していれば、の話です。

容器に仕切りのあるびんもそうです。これは、製造が大変です。仕切りのある容器のびんをつくるにしても、ただ単に2つのびんを組み合わせるほうが安くできます。

このように、○○の作品が製品に結びつかないときは、まず、製造コストを考えるのです。


会社に売り込み「プレゼン」をして、採用してくれる会社が見つからないときは、
□この構造（しくみ）でいいですか。
□この物品の形状（デザイン）でいいですか。
……、ここで、もう一度、
□プラスとマイナスをチェックしてください。
□長所と欠点をチェックしてください。

それから、買ってくれる消費者の立場から考えて、比較するのです。

その結果で、どちらが喜ばれるか、それを考えるといいでしょう。

便利です。だから、……、というだけではいけません。価格が同じくらいで改良できないか、考えてみましょう。

10．過大に評価（採点）してはいけない

■テスト・題材「栓抜きをつけた包丁」

読者の方から、
《先生、A「包丁」とB「栓抜き」を組み合わせました。「栓抜きをつけた包丁」の発明です。この「栓抜きをつけた包丁」は、製品に結びつくでしょうか》
……、という手紙が届きました。
では、ここで、一緒に考えてみましょう。
A「包丁」とB「栓抜き」を「＋（足し算）」しました。

A「包丁」＋B「栓抜き」＝C「栓抜きをつけた包丁」です。

だれでも、思考、作用の欠点があります。それは、

□いままでの製品の欠点を過大に評価（採点）することです。

□その欠点を改良した部分の発明の効果を、過大に評価（採点）することです。

□改良した部分の欠点（問題点）は、過小に評価（採点）することです。

……、以上のような内容です。

町（個人）の発明家は、天狗で困る。……、と言われることがあります。

それは、次のような考え方をするからです。

□こうすればもっと便利になります。

□これを、このようにつけると効果が大きくなります。

……、といったものです。

そうです。ところが、どれも、みんな、どこかに、何かをくっつけて便利にしています。

そのとき、製品の値段が高くなることは考えていません。

たとえば、一つ、二つ、便利になりました。でも、製品の値段が高くなったとします。すると、もう消費者はついてきません。

つまり、プラスよりも、マイナス、長所よりも、欠点が大きくなっているのです。

A「包丁」+B「栓抜き」=C「栓抜きをつけた包丁」も、一見よさそうな気がします。

しかしここで、「栓抜きをつけた包丁」の発明の効果を考えてみましょう。
□たまに来客があって、しかも、栓抜きが見つからなかったときだけです。
……、ということがわかります。

●試作品の評価（採点）は、他の人（第三者）にお願いする

じっさいに、試作品の栓抜きを使ってみました。
□すると、とても危ないのです。怖いです。
□それに使いにくいです。
……、と使ってくれた人が、小さな声で感想を言っていました。

これでは、欠点のほうが大きいです。

だから、いつも、効果は、過小に評価（採点）していただきたいのです。

欠点（問題点）は、過大に評価（採点）していただきたいのです。

それがわかるようになると、○○の作品は、製品に結びつきます。
具体的には、次のようなことがいえます。
□①製造するとき、手数がかかりすぎて大量生産ができないもの。
□②構造（しくみ）が複雑すぎて、コストが高くなるもの。
□③使う割合が少ないもの。
□④この形では使いにくく、危険が伴なうもの。
……、などです。これらの条件にひっかかると〝優れた〟……、と思われる○○の作品もたちまち〝落第発明〟になってしまうのです。

だから、多くの人が不便だ、困っている。……、と思っているところを改良すれば、○○の作品は、製品に結びつきます。まず、最初は、評価（採点）を他の人（第三者）にしていただきましょう。

第3章
やさしい発明入門講座
科目「頭の使い方」

頭の使い方〔前編〕

●練習問題「ハンガー」各種ハンガーについて、考えてみよう

1.【発明の名称】二段式のハンガー

Iさんは、一人暮らしのサラリーマンです。それで、毎日、ハンガーを使っています。そして、ワイシャツと上着を一個のハンガーにかけています。

ところが、上側にかけたワイシャツを外すとき、上着も一緒につかんでしまい、ときどき、下に落としていました。そのため、着替えるとき、時間もかかり、手間取っていました。

そこで、ワイシャツ、ネクタイ、ズボン、上着を別々のところにかけられるようにハンガーを工夫しました。

最初、横の棒を二段につないでみました。すると、ワイシャツと上着は、うまくかかりました。

そこで、もう一工夫してズボンをかけられるように、ハンガーを2個つないで、二段のハンガー

を作りました。また、ネクタイをかけられるように、穴も開けました。

こうすると、ワイシャツ、ネクタイ、ズボン、上着が一個のハンガーにかけられます。その結果、朝の出勤時の忙しいときでも、スムーズに着替えることができます。

〝なるほど〟と感心できる作品ですね。

ここで、あなたも、朝晩使っているハンガーについて、工夫してみませんか。

そして、３種類でも、４種類でも、自分で考えたハンガーを発明ノートに書いてみてください。

次に紹介するハンガーと比べてください。同じような○○の作品でも大丈夫です。

頭の使い方を練習しましょう。すると、製品に結びつく作品が生まれるようになります。

2.【発明の名称】　ネクタイ用のハンガー

男のおしゃれのポイントは、ネクタイだ！……、といわれています。服、シャツに合わせた絵、色が全体をぐっとひきしめます。Tさんはネクタイを30本以上、持っているそうです。季節ごとにわけて、洋服ダンスのネクタイかけに吊るしてありますが、どれをしめようか、と選《よ》りわけるとき、ネクタイが重なっています。それで、ネクタイが見にくいです。

また、太いほうが重いので、すべり落ちてしまいます。

そこで、ネクタイが重ならずにかけられるネクタイ用のハンガーはできないか、……、と考えて、円板に直径が4センチほどの穴を12個あけました。引っ掛けられるように、円板の上部に金具のフックをつけました。

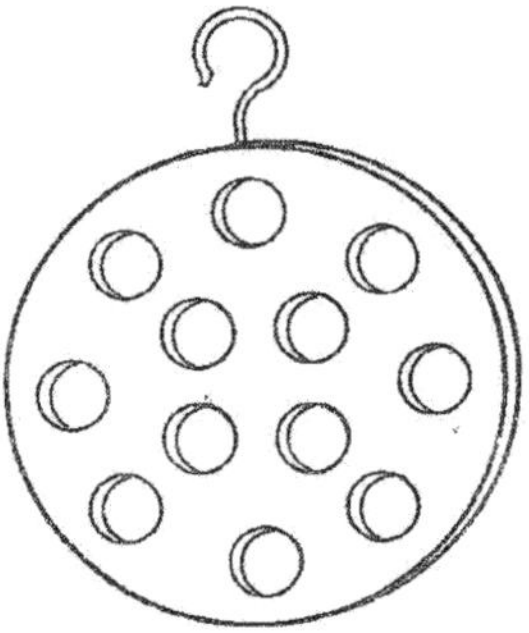

これで、一つ一つの穴に1本ずつネクタイをかけられます。

また、ネクタイはすべり落ちることもありません。すると、ネクタイは重ならず、絵柄も一目でわかります。その結果、今日は、どのネクタイにしようか、と選ぶとき、すぐに決められます。

さらに、穴に番号をつけると、予備も含めて2週間分、先に選んでおけます。

このネクタイ用のハンガーは、ネクタイの売り場のハンガーにピッタリではないかと思います。

そこで、みなさんは、このハンガーに欠点（問題点）はないか、……、観察するのです。頭の使い方です。見つけ出したら、それに改良を加えてみましょう。

3.【発明の名称】位置を簡単に移動できるハンガーフック

室内で使うフックは、ねじ込んだり、ねじで固定する方法のものが一般的です。したがって、一度取りつけると、位置を簡単に移動するのは大変です。また、使わないときは、じゃまになります。だから、いくつも取りつけられません。ある日、Kさんは、奥さんからカーテンレールの取りつけを頼まれました。吊り金具にカーテンを吊り終わって、うまくできたぞ！　と声を発しました。そのとき、Kさんは、左右軽快に動く吊り金具を何かに変えたら、どうだろう。……、と思ったのです。

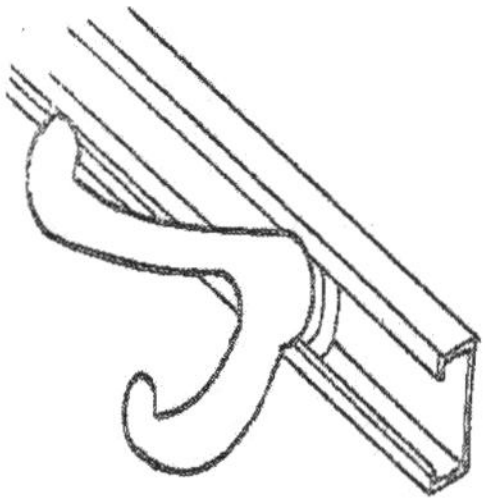

そして、いつも、じゃまになっている玄関のハンガーフックを取り外したらいい、と思っていました。

さっそく、いくつかならべてあったフックを取り外して、フックの根もとに吊り金具の滑車を取りつけて、これをカーテンレールにはめ込みました。

すると、左右へ自由に移動できるのです。使うときに位置を動かして、不要なときは、隅のほうへ寄せておけるので、じゃまにもなりません。

また、かけるものによって、ハンガーフックの間隔も調整できます。頭の使い方です。ちょっと、手を加えることにより、あれっ、と思う○○の作品ができるものです。

4．【発明の名称】 着物も、洋服も使える補助棒をつけたハンガー

服や着物をかけるハンガーには、いろいろな形のものがあります。

最も簡単な形のハンガーは、湾曲した横棒の真ん中に、フックの針金を通したものです。ところが、使う人によって、かけるもの、使い方が違います。だから、そこに新しい発明が生まれるわけです。

S子さんは、外出するときは、着物が多いそうです。帰宅したら、普段着に着替えます。ところが、脱いだ着物は、すぐには、たんすなどにしまわないそうです。

それは、汗などのために着物に湿気が含まれているからです。それで、何時間か、ハンガー

にかけて乾かすそうです。そこで、ハンガーにかけるとき、着物には、たもとがあるので、肩幅まで広げてかけます。

また、着物用の専用のハンガーはありますが、そのハンガーには、洋服はかけられません。

そこで、S子さんは、普通のハンガーの横棒の上面に溝をつくり、その溝に2本の補助棒をスライドできるようにはめ込みました。こうすると、洋服のときは、そのままで使えます。

補助棒を外側スライドさせると幅が広くなるので、着物もかけられます。頭の使い方です。さらに、小物類をはさむピンチを一個取りつけるとさらに便利になります。

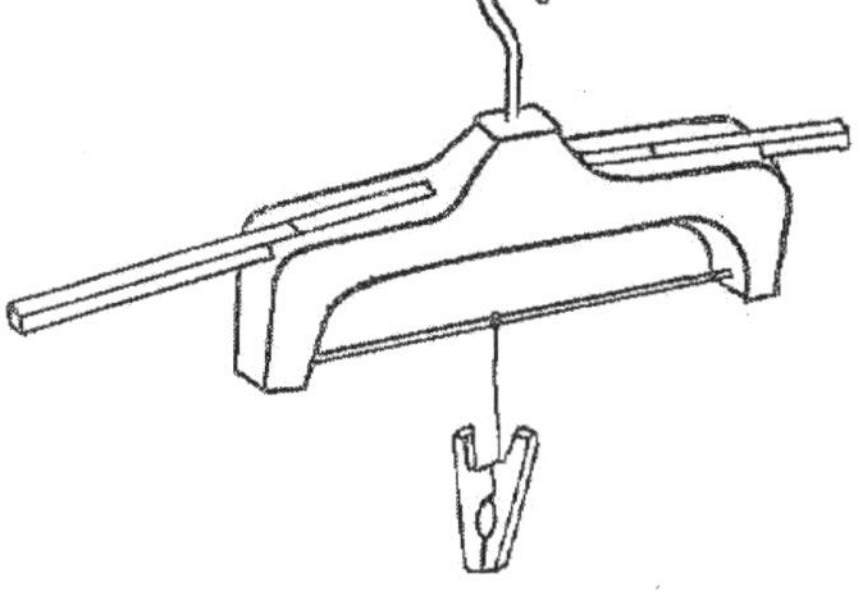

5.【発明の名称】靴を干すハンガー

このハンガー、見ただけでは、何をかけるハンガーか、わからないでしょう。これは、運動靴を洗ったとき、靴を干すハンガーです。

Yさんの家では、子犬を飼っています。

ある日、子どもの靴を干しておいたら、子犬がいたずらをして、靴を汚してしまい、靴が履けなくなってしまいました。

また、子どもは、いつも靴を汚して帰ってきます。とくに、雨の日などは、靴を干す場所に困ります。Yさんは、大きさ(寸法)を決めて、手づくりで、試作品をつくり、試してみました。

その中で、一番使いやすかったのが、針金のハンガーの横の棒を波形にしたものでした。

この波形の凸部の部分に靴の片方をかけておくのです。すると、水切りも良く、風通しがいいので、靴が早く乾燥します。これなら、子犬にいたずらされることもありません。

もう一つ効果がありました。靴を干すハンガーをつくってから、子どもが自分の靴を洗うようになったことです。それは、うれしいですよね。

あなたも、靴を干すハンガーを、一つ考えてみませんか！

頭の使い方です。また、かけて干すもの、……、それは、靴だけではありません。それに、

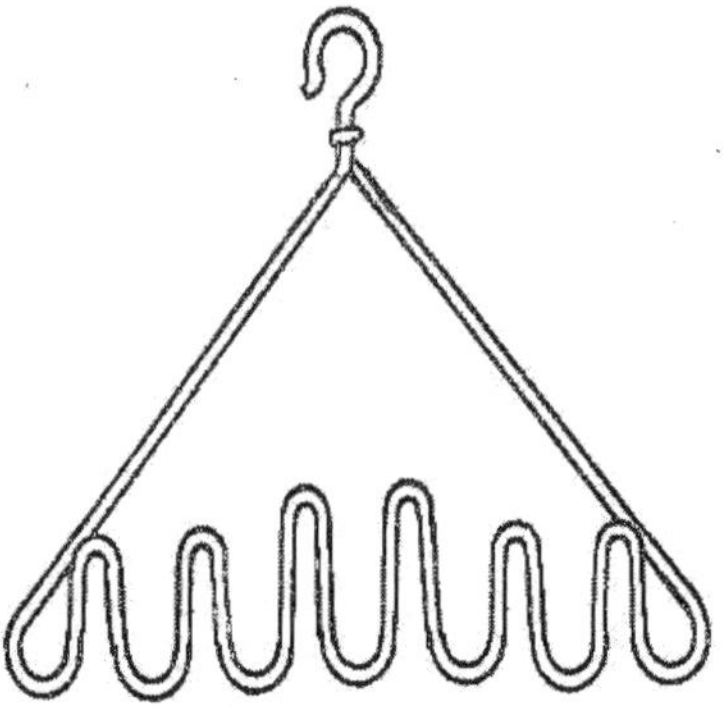

適したハンガーを考えてみましょう。

6.【発明の名称】 折りたたみ式のハンガー

ハンガーは、使う人、かけるものによって、いろいろなハンガーがあります。これらのハンガーは、頭の中で考えて、発明が出るものではありません。頭の使い方です。

そこで、いつも、自分が使っていて、不便だなあー、と感じて、○○の部分、なんとかならないか、と自問自答しながら、工夫することが必要です。

ここで、もう一つ、Ｋさんが考えたハンガーを紹介しましょう。折りたたみ式のハンガーです。

Ｋさんは、仕事で車を運転することが多く、車の中でハンガーを使う機会が多いそうです。しかし、ハンガーを使わないときは、かさばってじゃまになります。

そこで、使わないとき、形を小さくすることを考えまし

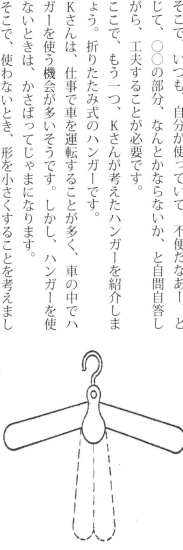

た。普段は、棒状になっていて、必要になったとき、中央のボタンを押すと、パッと開くような構造（しくみ）にしました。

こうすれば、使いやすく、じゃまになりません。おまけに丸首のシャツなどを干すときも便利だ、と奥さんにほめられたそうです。

ハンガーの発明は、この他に、かけたものがすべらないようにしたもの、折りたたんでポケットに入るもの、空気でふくらませるものなど、たくさんあります。

ここで、いま使っているハンガー、使いにくい部分、不便なところ、欠点（問題点）を見つけて、変わったハンガーを考えてみましょう。

頭の使い方〔後編〕

●練習問題「先行技術《先願》」を調べる
特許庁に、急いで、出願の手続きをしなくて良かった

●【先行技術文献】のチェックができる「特許情報プラットフォーム（J-PlatPat）」

○○の作品を創作しました。形「製品」に結びつけましょう。頭の使い方です。

そのとき、出願がムダにならないように、先行技術（先願）がないか、登録になっていないか、「特許庁」の「特許情報プラットフォーム（J-PlatPat）」で、チェックすることが必要です。

「特許情報プラットフォーム（J-PlatPat）」には、初心者向けに、「簡易検索」があります。

特許の先行技術（先願）をチェックしたいときは、検索対象を「特許・実用新案」にしてください。

※ J-PlatPat：Japan Platform for Patent Information（特許情報プラットフォーム）

1. 体験学習「【発明の名称】目印をつけたホッチキスの針」

ホッチキスを使っているとき、針の残量がわからなくて、使っている途中で、突然、針がなくなることがあります。

それで、空打ちして、はじめて針がないことに気がつきます。悔しい思いをしながら、針を補給します。……、といったことがなくなるように工夫しました。目印をつけたホッチキスの針の改良に関するものです。このホッチキスの針の一部に「目印をつけたホッチキスの針」の出願の手続きをしたい。……、という相談です。

それで、出願できるようにまとめた書類を見せていただきました。

紙面の都合で、「【書類名】要約書」だけをご紹介します。ご了承ください。

「【書類名】要約書」は、特許願の出願の手続きをするときに、必要な書類です。

「【書類名】明細書」に書いた発明の内容の要点だけを簡潔にまとめます。

全体を400字以内で、発明の内容をわかりやすく要領よくまとめた書類です。

＊注意：特許庁に提出する文章「書類の書き方」は、「……である。」調で書くことになっています。

出願の書類の書き方は、横書きです。本書では、編集の都合で、縦書きでご紹介しています。規則（特許法施行規則）通りになっていないので、お気をつけください。

□【発明の名称】　目印をつけたホッチキスの針

【書類名】　要約書
【課題】　ホッチキスを使用している人に、ホッチキスの針の残量を簡単に知らせることができるように、たとえば、着色部と未着色部の目印をつけたホッチキスの針を提供する。
【解決手段】　ホッチキスの針（1）の最後部に目印をつけた針（2）をそなえた目印をつけたホッチキスの針。

……、と書いています。発明の内容がとてもわかりやすくまとめられています。
そこで、先行技術（先願）について、発明者と一緒に、パソコンを使って、調べてみました。
それでは、読者のみなさんも一緒に、「目印をつけたホッチキスの針」について、調べてみましょう。

□「特許情報プラットフォーム（J-PlatPat）」の「簡易検索」を開きます。
□検索対象を「◎特許・実用新案」にしてください。
□キーワード入力欄に、たとえば、「ホッチキス　針　残量」と入力し、「検索」をクリックしてください。
□「ホッチキス　針　残量」に関する情報が見つかります。
「検索結果一覧」が表示されます。「文献番号」が表示されます。

「文献番号」をクリックしてください。すると、文献が表示されます。

文献の内容が確認できます。「目印をつけたホッチキスの針」に関する情報が見つかります。

2. 体験学習「【発明の名称】分度器をつけた定規」

定規、分度器は、それぞれ、一つ一つで、別々になっています。

そのため、図面を作成しているときに、定規が用紙の下に入り、探すこともありました。

机の上にひろがり、じゃまになることもありました。

そこで、定規と分度器を一体化させることを考えました。「分度器をつけた定規」です。この「分度器をつけた定規」の出願の手続きをしたい。……、という相談です。

それで、出願の手続きができるようにまとめた書類を見せていただきました。

□**【発明の名称】　分度器をつけた定規**

【書類名】　要約書
【課題】　一度の操作で、角度を決めながら、引く線の長さも定規の目盛りで決めることができるように工夫した定規に、分度器をそなえた分度器をつけた定規を提供する。
【解決手段】　定規（１）に分度器（２）をそなえた分度器を付けた定規。

……、と書いています。発明の内容がとてもわかりやすくまとめられています。

そこで、先行技術（先願）について、発明者と一緒に、パソコンを使って、調べてみました。

それでは、読者のみなさんも一緒に、「分度器をつけた定規」について、調べてみましょう。
□「特許情報プラットフォーム（J-PlatPat）」の「簡易検索」を開きます。

□検索対象を「◎特許・実用新案」にしてください。
□キーワード入力欄に、たとえば、「分度器　定規」と入力し、「検索」をクリックしてください。
□「分度器　定規」に関する情報が見つかります。
「検索結果一覧」が表示されます。「文献番号」が表示されます。

「文献番号」をクリックしてください。すると、文献が表示されます。

文献の内容が確認できます。「分度器をつけた定規」に関する情報が見つかります。

3．体験学習「【発明の名称】　砥石をつけたまな板」

まな板と包丁の刃を研ぐための砥石は、別々になっています。

それで、まな板の上で、包丁を使って、食材の調理中に刃の切れ味が悪くなることがあります。そういった状況のとき、いままでは、そのつど、砥石を用意して刃を研いでいました。

そこで、いつでも、すぐに刃を研げるように、まな板に砥石をそなえた砥石をつけたまな板を考えました。この「砥石をつけたまな板」の出願の手続きをしたい。……、という相談です。

それで、出願の手続きができるようにまとめた書類を見せていただきました。

□【発明の名称】　砥石をつけたまな板

【書類名】　要約書
【課題】　まな板の上で、包丁を使って、料理をつくっているとき、刃の切れ味が悪くなっても、まな板に取りつけた砥石により、いつでも、その場で刃を研ぐことができるように工夫した砥石をつけたまな板を提供する。
【解決手段】　まな板（1）に砥石（2）をそなえた砥石をつけたまな板。

……、と書いています。発明の内容がとてもわかりやすくまとめられています。

そこで、先行技術（先願）について、発明者と一緒に、パソコンを使って、調べてみました。

それでは、読者のみなさんも一緒に、「砥石をつけたまな板」について、調べてみましょう。

□「特許情報プラットフォーム（J-PlatPat）」の「簡易検索」を開きます。

□検索対象を「◎特許・実用新案」にしてください。
□キーワード入力欄に、たとえば、「まな板　砥石」と入力し、「検索」をクリックしてください。
□「まな板　砥石」に関する情報が見つかります。
「検索結果一覧」が表示されます。「文献番号」が表示されます。

「文献番号」をクリックしてください。すると、文献が表示されます。

文献の内容が確認できます。「砥石をつけたまな板」に関する情報が見つかります。

4. 体験学習「【発明の名称】　占いができるつま楊枝」

レストラン、料理店、家庭などで食事をするときに、簡単なゲームをすることで、会話が弾み、食事をおいしくいただけるように工夫した、占いができるつま楊枝です。

つま楊枝、箸の他端に占いの表示部をそなえた占いができるつま楊枝です。この「占いができるつま楊枝」の出願の手続きをしたい。……、という相談です。

それで、出願できるようにまとめた書類を見せていただきました。

□【発明の名称】　占いができるつま楊枝

【書類名】　要約書

【課題】　レストラン、料理店、家庭などで食事をするときに、簡単なゲームをすることで、さらに、会話が弾むように、食卓にあるつま楊枝、箸などを使って、占いができるように工夫した、占いができるつま楊枝を提供する。

【解決手段】　つま楊枝（1）の後端部に占いの表示部（2）と前記つま楊枝（1）を収納する容器（3）をそなえ、前記容器（3）に前記つま楊枝（1）を収納し、前記容器（3）から1本だけ取り出して占いができるつま楊枝。

……、と書いています。発明の内容がとてもわかりやすくまとめられています。

そこで、先行技術（先願）について、発明者と一緒に、パソコンを使って、調べてみました。

それでは、読者のみなさんも一緒に、「占いができるつま楊枝」について、調べてみましょう。

□「特許情報プラットフォーム（J-PlatPat）」の「簡易検索」を開きます。

□検索対象を「◎特許・実用新案」にしてください。
□キーワード入力欄に、たとえば、「占い　つま楊枝」と入力し、「検索」をクリックしてください。
□「占い　つま楊枝」に関する情報が見つかります。
「検索結果一覧」が表示されます。「文献番号」が表示されます。

「文献番号」をクリックしてください。すると、文献が表示されます。

文献の内容が確認できます。「占いができるつま楊枝」に関する情報が見つかります。

5．体験学習「【発明の名称】　目盛りをつけたタオル」

新婚さんのカップルに、待望の赤ちゃんが誕生しました。

親は、赤ちゃんの日々の成長が楽しみです。それで、毎日、お風呂に入れたあと、身長を測るのが楽しくなりました。

そこで、タオルに目盛りをそなえれば、正確でなくても、赤ちゃんをタオルの上に寝かせるだけで身長を測ることができる、目盛りをつけたタオルを考えました。これなら、メジャーを用意しなくても大丈夫です。両親の優しさから生まれた、この「目盛りをつけたタオル」の出願の手続きをしたい。……、という相談です。

それで、出願の手続きができるようにまとめた書類を見せていただきました。

□【発明の名称】　**目盛りをつけたタオル**

【書類名】　要約書

【課題】　赤ちゃんを入浴させたあと、タオルで体を拭くときに、赤ちゃんをタオルの上に寝かせるだけで、簡単に身長を測ることができる目盛りをつけたタオルを提供する。

【解決手段】　タオル（1）の図柄として、前記タオル（1）の表面に線と数字の目盛り（2）をそなえ、メジャーとして使用できるように工夫した目盛りをつけたタオル。

……、と書いています。発明の内容がとてもわかりやすくまとめられています。

そこで、先行技術（先願）について、発明者と一緒に、パソコンを使って、調べてみました。

それでは、読者のみなさんも一緒に、「目盛りをつけたタオル」について、調べてみましょう。

□「特許情報プラットフォーム（J-PlatPat）」の「簡易検索」を開きます。
□検索対象を「◎特許・実用新案」にしてください。
□キーワード入力欄に、たとえば、「タオル　目盛り」と入力し、「検索」をクリックしてください。
□「タオル　目盛り」に関する情報が見つかります。
「検索結果一覧」が表示されます。「文献番号」が表示されます。

「文献番号」をクリックしてください。すると、文献が表示されます。

文献の内容が確認できます。「目盛りをつけたタオル」に関する情報が見つかります。

6．体験学習「【発明の名称】　切り込みをつけた粘着テープ」

セロハンテープ、ガムテープなどを一定の長さに切って使うとき、カッター、ハサミなどを使って切るのが一般的です。

ところが、テープを切るのに、時間と手間がかかります。

そこで、粘着テープを一定の長さに切って使うとき、カッター、ハサミなどを使わなくても、簡単に、しかも、確実に所定の長さに切れて、切る作業の時間を短縮できる切り込みをつけた粘着テープを考えました。この「切り込みをつけた粘着テープ」の出願の手続きをしたい。……、という相談です。

それで、出願の手続きができるようにまとめた書類を見せていただきました。

□【発明の名称】　切り込みをつけた粘着テープ

【書類名】　要約書
【課題】　粘着テープを一定の長さに切って使うとき、カッター、ハサミなどを使わなくても、簡単に、しかも確実に所定の長さに切れて、切る作業の時間を短縮できる切り込みつき粘着テープを提供する。
【解決手段】テープ本体（1）に一定の間隔にミシン目状の切り込み部（2）をそなえた切り込みをつけた粘着テープ。

……、と書いています。発明の内容がとてもわかりやすくまとめられています。

そこで、先行技術（先願）について、発明者と一緒に、パソコンを使って、調べてみました。

それでは、読者のみなさんも一緒に、「切り込みをつけた粘着テープ」について、調べてみましょう。

□「特許情報プラットフォーム（J-PlatPat）」の「簡易検索」を開きます。
□検索対象を「◎特許・実用新案」にしてください。
□キーワード入力欄に、たとえば、「粘着テープ　長さ　切り込み」と入力し、「検索」をクリックしてください。
□「粘着テープ　長さ　切り込み」に関する情報が見つかります。
「検索結果一覧」が表示されます。「文献番号」が表示されます。

「文献番号」をクリックしてください。すると、文献が表示されます。

文献の内容が確認できます。「切り込みをつけた粘着テープ」に関する情報が見つかります。

7．体験学習「【発明の名称】目盛りをつけたベルト」

本発明は、ベルトに目盛りをつけて、ウエストのサイズを簡単に測ることができるように工夫した目盛りをつけたベルトです。

ベルトは、ズボンのずれ落ちを防止するために使っています。

本発明は、その機能を増やすために工夫した目盛りをつけたベルトです。

ベルト（１）に目盛り（２）をそなえました。

これで、いつも、ウエストのサイズを測ることができて、健康管理ができます。また、メジャーとして使うこともできます。この「目盛りをつけたベルト」の出願の手続きをしたい。……、という相談です。

それで、出願の手続きができるようにまとめた書類を見せていただきました。

□【発明の名称】　目盛りをつけたベルト

【書類名】　要約書
【課題】　ベルトは、ズボンのずれ落ちを防止するために使っているが、ベルトに目盛りをそなえることにより、ウエストのサイズを簡単に測ることができて、しかも、メジャーとしても使える目盛りをつけたベルトを提供する。

【解決手段】ベルト（1）に目盛り（2）をそなえた目盛りをつけたベルト。

……、と書いています。発明の内容がとてもわかりやすくまとめられています。

そこで、先行技術（先願）について、発明者と一緒に、パソコンを使って、調べてみました。

それでは、読者のみなさんも一緒に、「目盛りをつけたベルト」について、調べてみましょう。

□「特許情報プラットフォーム（J-PlatPat）」の「簡易検索」を開きます。

□検索対象を「◎特許・実用新案」にしてください。

□キーワード入力欄に、たとえば、「ベルト　目盛り」と入力し、「検索」をクリックしてください。

□「ベルト　目盛り」に関する情報が見つかります。

「検索結果一覧」が表示されます。「文献番号」が表示されます。

「文献番号」をクリックしてください。すると、文献が表示されます。

文献の内容が確認できます。「目盛りをつけたベルト」に関する情報が見つかります。

8．体験学習「【発明の名称】　結び目を固定したネクタイ」

ネクタイは、自分で、結ばなければならないので、朝、急いでいるときは、うまくつけられません。

そこで、いつでも、ネクタイを面倒なくつけられるように、結び目を固定したネクタイを考えました。これなら、いつでも、ネクタイを真っすぐにつけることができます。また、時間がたっても、結び目が乱れません。この「結び目を固定したネクタイ」の出願の手続きをしたい。

……、という相談です。

それで、出願の手続きができるようにまとめた書類を見せていただきました。

□【発明の名称】　結び目を固定したネクタイ

【書類名】　要約書

【課題】　ネクタイは、つけたとき、真っすぐにつけるのは難しく、時間がたっても乱れないように、結び目を固定したネクタイを提供する。

【解決手段】　ネクタイ本体（1）に結び目（2）と締付具（3）と操作部（4）をそなえ、

前記締付具（3）と前記操作部（4）を調整することで、ネクタイを簡単につけられる結び目を固定したネクタイ。

……、と書いています。発明の内容がとてもわかりやすくまとめられています。

そこで、先行技術（先願）について、発明者と一緒に、パソコンを使って、調べてみました。

それでは、読者のみなさんも一緒に、「結び目を固定したネクタイ」について、調べてみましょう。

□「特許情報プラットフォーム（J-PlatPat）」の「簡易検索」を開きます。

□検索対象を「◎特許・実用新案」にしてください。

□キーワード入力欄に、たとえば、「ネクタイ　首　固定」と入力し、「検索」をクリックしてください。

□「ネクタイ　首　固定」に関する情報が見つかります。

「検索結果一覧」が表示されます。「文献番号」が表示されます。

「文献番号」をクリックしてください。すると、文献が表示されます。

文献の内容が確認できます。「結び目を固定したネクタイ」に関する情報が見つかります。

9．体験学習「【発明の名称】照明をつけた傘」

本発明は、雨の日、暗闇の中で、足元などを照らすことができるように工夫した傘の柄に照明をつけた傘に関するものです。

たとえば、雨の日に街灯がない道を、傘をさして歩くとき、暗闇の水溜まりに誤って入ったりすることがありました。

また、暗闇で玄関などの鍵の口を探すとき、物を探すとき、手探りしたりし、時間がかかることがありました。

そこで、傘の柄の部分に照明をつけた傘を考えました。手づくりで、試作品をつくり、友人に使っていただいたら、好評だったので、この「照明をつけた傘」の出願の手続きをしたい。……、という相談です。

それで、出願の手続きができるようにまとめた書類を見せていただきました。

□【発明の名称】照明をつけた傘

【書類名】　要約書

【課　題】　雨の日の暗闇でもライトを照らすことによって誤って水溜まりに入ることなく、雨の中の暗闇でも、探し物を簡単に見つけることができ、また、傘のライトをつけて歩けば、車の運転者に歩行者の存在を知らせることができる照明をつけた傘を提供する。
【解決手段】　傘の柄（1）の先端部にライト（2）と前記ライト（2）の柄の中に乾電池入れ（3）と前記ライト（2）の上の柄にスイッチ（4）と前記ライト（2）と前記スイッチ（4）の間の柄に、乾電池と電球の交換口（5）をそなえた照明をつけた傘。

……、と書いています。発明の内容がとてもわかりやすくまとめられています。

そこで、先行技術（先願）について、発明者と一緒に、パソコンを使って、調べてみました。

それでは、読者のみなさんも一緒に、「照明をつけた傘」について、調べてみましょう。
□「特許情報プラットフォーム（J-PlatPat）」の「簡易検索」を開きます。
□検索対象を「◎特許・実用新案」にしてください。
□キーワード入力欄に、たとえば、「傘　照明」と入力し、「検索」をクリックしてください。
□「傘　照明」に関する情報が見つかります。
「検索結果一覧」が表示されます。「文献番号」が表示されます。

「文献番号」をクリックしてください。すると、文献が表示されます。

文献の内容が確認できます。「照明をつけた傘」に関する情報が見つかります。

●【メモ・MEMO】必要度合が少ないもの

◆利用率を考えると
「照明を付けた傘」が製品に結びつくか、一緒に考えてみましょう。
（イ）1年のうちに、雨が降る日は、何日でしょうか。
（ロ）雨が降る日のうちに、夜、傘を使う日は、何日でしょうか。
（ハ）夜、街灯がない、暗い夜道を歩くのは、（ロ）のうちで、何日でしょうか。
（ニ）（ハ）のうちで、ぬかるみの道は、どれくらいあるでしょうか。
このように、考えていくと、「照明をつけた傘」は、1年間のうちで、何日使うでしょうか。

利用率が少ないです。

使う機会が少ないと、電池がだめになって、必要なときに使えないかもしれません。

合理的に考えると、必要度合いが少ない、ということです。

これでは、第一志望の会社に売り込み「プレゼン」をして、製品に結びつけてください、と言っても難しいでしょう。

10．体験学習「【発明の名称】　ペットボトル用浮輪つきストロー」

本発明は、ストローに浮輪を取りつけて使うもので、ペットボトルのキャップを開けたとき、ペットボトルの飲料口より常にストローがふわりと浮き上がり、飲料物を飲みやすいように工夫した、浮輪つきストローに関するものです。この「ペットボトル用浮輪つきストロー」の出願の手続きをしたい。……、という相談です。

それで、出願の手続きができるようにまとめた書類を見せていただきました。

□【発明の名称】　ペットボトル用浮輪つきストロー

【書類名】　要約書

【課題】　ペットボトルの中にストローを差し込んだ状態でキャップができる、ストローに浮輪をそなえたペットボトル用浮輪つきストローを提供する。
【解決手段】　ペットボトル（1）の高さと同じストロー（2）と前記ストロー（2）の直径に合せて摺動可能な大きさの穴を開けた浮輪（3）をそなえたペットボトル用浮輪つきストロー。

……、と書いています。発明の内容がとてもわかりやすくまとめられています。

そこで、先行技術（先願）について、発明者と一緒に、パソコンを使って、調べてみました。

それでは、読者のみなさんも一緒に、「ペットボトル用浮輪つきストロー」について、調べてみましょう。
□「特許情報プラットフォーム（J-PlatPat）」の「簡易検索」を開きます。
□検索対象を「◎特許・実用新案」にしてください。
□キーワード入力欄に、たとえば、「ストロー　ペットボトル」と入力し、「検索」をクリックしてください。
□「ストロー　ペットボトル」に関する情報が見つかります。

「検索結果一覧」が表示されます。「文献番号」が表示されます。

「文献番号」をクリックしてください。すると、文献が表示されます。

文献の内容が確認できます。「ペットボトル用浮輪つきストロー」に関する情報が見つかります。

11．体験学習「【発明の名称】 伸縮できる蛇腹状のペットボトル」

本発明は、ペットボトルの容器の胴体の部分を蛇腹状にして、飲料水などを飲んだあと、空になったペットボトルを、手で圧縮、縮小して、ゴミにできるように工夫した伸縮できる蛇腹状のペットボトルです。この「伸縮できる蛇腹状のペットボトル」の出願の手続きをしたい。……、という相談です。それで、出願の手続きができるようにまとめた書類を見せていただきました。

□【発明の名称】 伸縮できる蛇腹状のペットボトル

【書類名】 要約書
【課題】 空になったペットボトルを、小さくして処分できるように工夫した、伸縮できる蛇腹状のペットボトルを提供する。
【解決手段】 ペットボトルの容器（1）の胴体の部分を蛇腹状にした蛇腹部（2）をそなえ、使用したあと、手で圧縮、縮小可能にした伸縮できる蛇腹状のペットボトル。

……、と書いています。発明の内容がとてもわかりやすくまとめられています。

そこで、先行技術（先願）について、発明者と一緒に、パソコンを使って、調べてみました。

それでは、読者のみなさんも一緒に、「伸縮できる蛇腹状のペットボトル」について、調べてみましょう。
□「特許情報プラットフォーム（J-PlatPat）」の「簡易検索」を開きます。
□検索対象を「◎特許・実用新案」にしてください。
□キーワード入力欄に、たとえば、「ペットボトル　蛇腹　伸縮」と入力し、「検索」をクリックしてください。
□「ペットボトル　蛇腹　伸縮」に関する情報が見つかります。

「検索結果一覧」が表示されます。「文献番号」が表示されます。

「文献番号」をクリックしてください。すると、文献が表示されます。

文献の内容が確認できます。「伸縮できる蛇腹状のペットボトル」に関する情報が見つかります。

12．体験学習「【発明の名称】 凹部をつけた固形石鹸」

浴用、洗顔用、あるいは、洗濯用などに使用されてきた固形石鹸は、使用しているうちに次第にすり減って、薄く小さくなります。割れたり、折れたりすることもあります。

小さくなると、使いにくくて捨てられてしまう。……、という問題（課題）がありました。

そこで、固形石鹸（1）の表面に小さくなった固形石鹸をはめて固着できる凹部（2）を備えた凹部をつけた固形石鹸を考えました。この「凹部をつけた固形石鹸」の出願の手続きをしたい。……、という相談です。

それで、出願の手続きができるようにまとめた書類を見せていただきました。

□【発明の名称】　凹部をつけた固形石鹸

【書類名】　要約書
【課題】　使っているうちに、薄く小さくなった固形石鹸を捨てずに、最後まで使えるように工夫した凹部をつけた固形石鹸を提供する。
【解決手段】　固形石鹸（1）の表面に凹部（2）をそなえ、小さくなった固形石鹸をはめて固着できるように表面に凹部をつけた固形石鹸。

……、と書いていています。発明の内容がとてもわかりやすくまとめられています。

そこで、先行技術（先願）について、発明者と一緒に、パソコンを使って、調べてみました。

それでは、読者のみなさんも一緒に、「凹部をつけた固形石鹸」について、調べてみましょう。
□「特許情報プラットフォーム（J-PlatPat）」の「簡易検索」を開きます。
□検索対象を「◎特許・実用新案」にしてください。
□キーワード入力欄に、たとえば、「固形石鹸　凹部」と入力し、「検索」をクリックしてください。

□「固形石鹸　凹部」に関する情報が見つかります。
「検索結果一覧」が表示されます。「文献番号」が表示されます。
「文献番号」をクリックしてください。すると、文献が表示されます。
文献の内容が確認できます。「凹部をつけた固形石鹸」に関する情報が見つかります。

「特許願」の出願の書類の書き方の参考文献は、拙書『思いつき・ヒラメキがお金になる！簡単！　ドリル式で特許願書がひとりで書ける』（日本地域社会研究所刊　２０１９年）などがあります。

第４章
思いつきの知恵と技術を権利にする手づくり「特許願」の書き方

1. 特許庁への手紙「特許願」は、自分の力で書ける

(1) ○○の作品を育てて、「特許庁」に出願の準備をする

〝思いつき〟の○○の作品、素晴らしいですよね。そのとき、○○の作品をそのままにしないでください。発明者のあなたが、製品に結びつくように大事に育てていただきたいのです。

たとえて言えば、いま〝○○さんのことが好き〟と意識したときです。

そこで、あなたが発明した○○の作品を出願の書類にまとめることです。

ところが、「発明の入門者」は、出願の書類を書くのがとても難しい。……、と思っています。

……、それは、また、なぜでしょうか。その一番の理由は、

□いままでの出願の書類が極めて難しく書いていたからです。

□すでに公開されている、書類（公報）を見てください。すると、中には、文章が漢和辞典にものっていないような難しい語句、漢字をならべて書いている書類もあります。

□区切りのない長い説明文で書いています。

これでは、発明の内容を理解するのは大変です。……、だから〝難しい〟と思われていたのです。

（2）「特許願」は、自分の力で、出願の書類にまとめることができる

○○の作品が一番だ！　最高だ！　と思ったら、出願の書類にまとめることが大切です。このとき、自分で出願の書類が書けない。……、といって、すぐに、プロにお願いする人もいます。最初から、うまく書ける人はいませんよ。だから、簡単に決めないでください。発明の内容を一番理解しているのは、発明者のあなたです。発明の内容を詳しく説明できるのはあなただけです。……、ここで、考えていただきたいことがあります。

□○○の作品は、いまの段階では、製品に結びつくかどうかわからない発明です。
□○○の作品は、権利（独占権）が取れるかどうかわからない発明です。

急いで、多額の諸費用を使うのは、どうでしょう。

……、もったいない、と思いませんか。だったら、自分で、出願の書類にまとめることです。

また、中小企業、町（個人）の発明家、サラリーマン、ＯＬ、芸術家、主婦の人は、２〜３万円くらいなら、何とか都合ができるでしょう。

自分で、出願の手続きをすれば、出願料（特許印紙代）の実費だけですみます。

（３）出願が１番多いのは「特許願」

産業財産権「特許、実用新案、意匠、商標」の中で、出願が一番多いのは「特許願」です。

それでは、この出願の書類の形式、書き方を順番に説明します。

〝やさしい！〟〝意外と簡単〟という意味がきっと理解していただけると思います。

本当に自分で書けるようになります。でも、急に〝やさしいです〟〝簡単です〟と言われても、困りますよね。では、じっさいに書いてみましょう。

（４）「特許願」の出願の書類で、大切なのは形式

出願の書類は、形式「フォーマット」があります。

あなたの発明の内容をその形式にあてはめて書くだけです。それは、本書で理解できます。だから、だれでも書けるようになります。

出願の書類で大切なのは形式です。たとえば、形式上、願書のタイトルは、「【書類名】　特許願」と書くように決まっています。それを、自分で好きなように「【書類名】　発明特許願」と書かないでくださいよ。……、といったようなことです。

この一例のように形式に決まりがあります。そうすると形式が四角ばっているように思われてしまいます。でも、じっさいは、そうではありません。それを体験しましょう。

（５）自分で出願の書類にまとめることが、〇〇の作品が製品に結びつく第一歩

どんな発明も、最初は、〇〇の作品に関連した情報を集めることから、スタートします。

それを、出願の書類にまとめることです。〇〇の作品が製品に結びつく第一歩です。

発明者は、〇〇の作品の内容を説明するために、図面（説明図）を描きます。説明文（明細書）も書くでしょう。出願の形式にあてはめて、自分で書くことで、発明の内容がまとまります。完成度も高まります。さらに、〇〇の作品の理論構成ができます。

その結果、第一志望の○○会社に売り込み、「プレゼン」をすれば、うまくいきます。

(6)「特許願」の書類は、たとえば、ラブレター(手紙)を書くよりも簡単

「特許願」は、あなたが、特許庁の長官に、私は○○の作品を考えました。特許の権利(独占権)をください。……、と書いて、提出する手紙です。書類です。だから、気楽に考えてください。そして、自分で書ける。……、という自信を身につけていただきたいのです。

たとえば、ラブレター(手紙)です。書くとき、相手の感情を考えたりするでしょう。出願の書類を書くときには、その内容をありのままに、形式通りに書けばいいのです。そんなに悩むことではありません。だから、簡単なのです。

形式と特許願の書き方のトリセツを見てください。それを手本にして同じように書いていただきたいのです。それから、少しの時間、書き方の練習をしてください。

出願の書類は、ラブレターを書いたり、手紙を書いたり、日記をつけたり、作文を書いたりすることよりも、本当に簡単です。……、と筆者は、いつも言っています。

事例でもわかっていただけるように、「発明の入門者」でも、少し練習をすれば書けるよう

になります。この機会にぜひチャレンジしてください。

（7）いつでも、ムリをしてはいけない

○○の作品の発明を1件くらいは、なけなしの財布をはたいて、プロに頼むことはできるでしょう。でも、作品が、2〜3件となると、○○の作品は素晴らしい！　と思っても手軽に出願の手続きをする。……、というわけにはいきません。

テーマ「科目」が同じ発明を考えても、テーマ「科目」が違う発明にしても、二つ、三つは特許を取って、それで製品に結びついてうまくいくことは、残念ですが、ほとんどありません。

多くの先輩もそうでした。一つ出願しても、製品に結びつきません。二つ特許になっても、うまくいきませんでした。どこが悪いのでしょうか。……、と考え、悩んだのです。

いろんなことを体験することによって目が肥え、経験ができるのです。

会社だって同じですよ。仕事の中で、主な財源になる大切な発明とか、お金に余裕がある人は、プロに依頼するほうが、時間がかからなくていいかもしれません。

ところが、諸費用が高いと多くの人が出願できません。だから、残念ですが、考えた○○の

作品をそのままにしていると思います。そういった○○の作品は、何万件、いや、何十万件もあると思います。それを、そのままにしては、もったいないです。

あなたの大切な発明です。自分で書類を書いて出願の準備をしましょう。そして、製品に結びつくように、あなたが責任をもって、○○の作品を育てましょう。

だから、タダの頭、手、足を使ってもムダなお金は使うな！　ということです。

この1通の手紙「書類」で、楽しくて、大きな夢を何年も見ることができるのです。

2.「特許願」に必要な出願の書類は5つ

出願の書類は、「願書、明細書、特許請求の範囲、要約書、図面」です。

「【提出物件の目録】願書、明細書、特許請求の範囲、要約書、図面」の「1」は、1通という意味です。だから、各書類の枚数が複数ページ（数枚）になっても「1」と書きます。

□①願　書　1
「願書」は、文章の書類の表紙のようなものです。

「【書類名】特許願」という出願の種別、【発明者】、【特許出願人】などを書く書類です。

□②明細書　1
「【書類名】明細書」は、発明の内容を文章で説明する書類です。
通常、複数ページ（数枚）になります。

□③特許請求の範囲　1
「【書類名】特許請求の範囲」は、発明のどの部分を特許権に請求するのか、発明の内容を書く書類です。

□④要約書　1
「【書類名】要約書」は、発明の概要を簡単に説明する書類です。
「要約書」は、全体を400字以内でまとめます。

□⑤図　面　1
「【書類名】図面」は、発明の内容を図面で説明する書類です。
「図面」は、複数の図、複数ページ（数枚）になっても大丈夫です。

方法の発明、化学物質の発明など、図面で表現できないときは省略できます。製法特許（方法の発明）のときは、「【書類名】 図面」がなくても発明の内容が理解できれば「【書類名】 図面」をつけなくても大丈夫です。

□用紙の大きさ

願書、明細書、特許請求の範囲、要約書の用紙の大きさは、A列4番「A4」（横21㎝、縦29・7㎝）です。白紙を縦長にして使います。

図面の用紙も、大きさは同じです。トレーシングペーパー、または、白紙を使います。

□文字の大きさ

文字は、ワープロ、タイプ印書（10〜12ポイント）などの黒字で明確に書きます。

パソコン（ワード）の文字の大きさは、通常、10・5ポイントに設定されています。

□書き方は、左横書き、1行は、40字詰めで、1ページは、50行以内

書き方は、左横書きです。1行は、40字詰めで、1ページは、50行以内で書きます。

「、」、「。」、カッコ「（」、「）」、アラビア数字「1」、「2」、…）も1字分として使ってください。半角文字は使ってはいけません。

□【　】スミツキカッコ

「願書、明細書、特許請求の範囲、要約書、図面」の全部の書面で、【　　】（スミツキカッコと呼ぶ）で項目を表示しているところは、すべて、この通りにあらわします。

願書、明細書、特許請求の範囲、要約書、図面について、項目、見出しはスミツキカッコ「【」、「】」を使います。

たとえば、次のように項目にスミツキカッコ「【」、「】」を使って、【書類名】、【整理番号】、【提出日】など、……、のように書きます。書類の事例も一緒に参照してください。

「【　】」と「▲　▼」は、所定以外では使えません。各書類とも、文章の抹消、訂正、重ね書き、および、行間挿入を行なうことはできません。

本書では、「……です。」、「……ます。」調で、説明をしていますが、特許庁に提出する文章「書類の書き方」は、「……である。」調なので、「……である。」調で書きます。

出願の書類の書き方は、横書きです。紙面の都合上、本書で説明する各種書類の形式が規則（特許法施行規則）通りになっていません。あらかじめご了承ください。

3. 手本になる手紙「特許願」の書き方

具体例の事例・1は、「【発明の名称】 消しゴムをつけた鉛筆」です。「消しゴムをつけた鉛筆」は、出願の書類の書き方の〝基本形〟です。中学校の英語の時間に習った、「This is a pen」は、何年たっても忘れませんよね。

事例・2は、3億円近い「ロイヤリティ（特許の実施料）」をいただいた、「【発明の名称】洗濯機の糸くず取り具」です。町（個人）の発明家が考えた、レジェンド発明です。

まずは、一緒に出願の書類を書いてみましょう。

同じ要領で、次は、あなたの素晴らしい作品を出願の書類にまとめましょう。

■事例・1「【発明の名称】 消しゴムをつけた鉛筆」

【書類名】 図面

【図1】

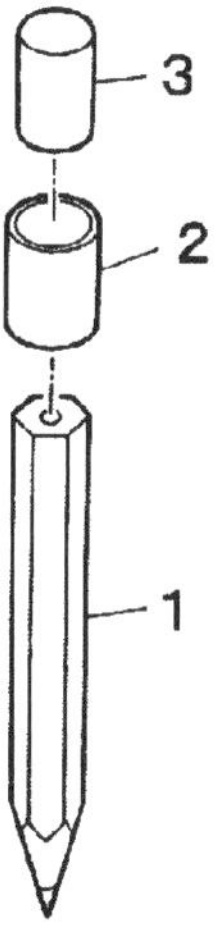

1　鉛筆の軸　2　筒　3　消しゴム

【図2】

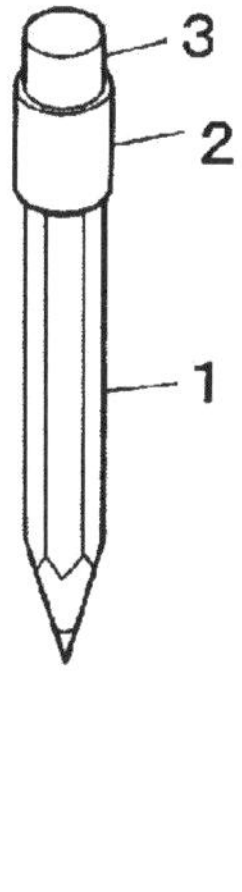

この「消しゴムをつけた鉛筆」は、鉛筆の軸の一端に消しゴムをつけた鉛筆です。いままで、鉛筆と消しゴムは別々になっていました。「消しゴムをつけた鉛筆」は、アメリカの画家ハイマンが考えた発明（作品）です。ハイマンは売れない画家でした。貧乏で消しゴムを気軽に買えなかったのでしょう。それで、形が小さくなってもまだ大事に使っていたのです。

形が小さな消しゴムは、床に転げ落ちたり、紙、物の間にもぐり込んだり、終始見えなくなっていました。これでは、落ちついて絵も描けないでしょう。デッサンをしながら、いつも消しゴム探しに苦労していたそうです。

□【技術分野】

本発明は、形が小さくなった消しゴムを使うとき、使いやすいように、鉛筆の軸の一端に消しゴムをつけた鉛筆に関するものである。

□【背景技術】

従来、鉛筆と消しゴムは別々になっていた。

□【発明が解決しようとする課題】

これは、次のような欠点があった。

(イ)従来、消しゴムは何度も使っていると、形が小さくなるので使いにくかった。

(ロ)その消しゴムが必要になったとき、探しても形が小さくなっているので、消しゴムが見つけにくく、困ることが多かった。

本発明は、以上のような欠点をなくすためになされたものである。

そこで、ハイマンが考えたのが、鉛筆の軸の一端に小さな形の消しゴムをくっつけて、鉛筆と消しゴムを一体化する方法でした。最初は、鉛筆の軸に消しゴムを糸で巻きつけてみました。ところが、不安定で、使いにくいのです。その後、思考錯誤を繰り返し、その中で、一番う

まくできたのがブリキの小片で固定する方法だったそうです。

□【課題を解決するための手段】
鉛筆の軸の一端に筒を取りつけ、筒に消しゴムを取りつける。

それでは、練習として、「【発明の名称】　消しゴムをつけた鉛筆」、どのような書類にまとめたのか、一緒に書いてみましょう。おつきあいください。
みなさんが、【発明者】、【特許出願人】になって、出願の書類を書いてみましょう。

■事例・2「【発明の名称】　洗濯機の糸くず取り具」

「洗濯機の糸くず取り具」は、町（個人）の発明家としてとても有名な、笹沼喜美賀さん（神奈川県）が発明した作品です。そのスポンサーになったのが、(株)ダイヤコーポレーション（東京都中野区）です。笹沼さんは、3億円近い「ロイヤリティ（特許の実施料）」をいただきました。

【書類名】　図面

【図1】

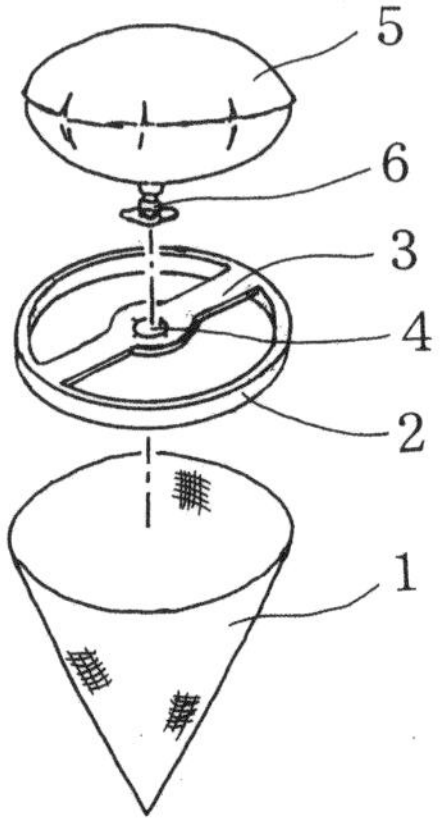

【図2】

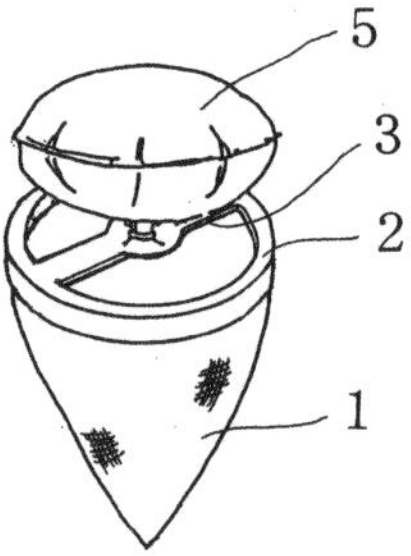

1　網袋　2　ワク　3　支軸　4　取りつけ穴　5　空気袋　6　空気入れ口

発表して2年目に、当時の松下電器が、一つずつ洗濯機につけることになって、ここだけで、月に約15万個も売れたそうです。まさに「社外の発明」を採用して、ビッグなヒット商品を生んだ好例です。その製品が「クリーニングボール」です。

このように素晴らしい作品は、製品化の夢が実現するから楽しいのです。

□【技術分野】
本発明は、洗濯機の水中にただよったり、浮いている糸くず、綿ぼこりを自動的に取り除く、洗濯機の糸くず取り具に関するものである。

□【背景技術】
いままで、洗濯機で、セーター、ワイシャツなどを洗ったとき、糸くず、綿ぼこりまで、吸い取ってしまうようになった。

その結果、衣類から出た、糸くず、綿ぼこりが、水中をただよったり、浮いていました。

□【発明が解決しようとする課題】
これは、次のような欠点があった。
(イ) 洗って干すとき、洗濯物の衣類、黒色の靴下などの表面に点々と糸くず、綿ぼこりが付着していた。それが目立ち、見苦しかった。
(ロ) 洗濯物を干したあとで片づけるとき、衣類に付着した糸くず、綿ぼこりを、一つ一つ手で取り除いていた。
これは、きわめてわずらわしい作業であった。
(ハ) 衣類の生地を傷める原因にもなっていた。

本発明は、以上のような欠点をなくすためになされたものである。

□【課題を解決するための手段】

網袋の開口部に、枠を取りつけ、枠に支軸をつけ、支軸の中央に取りつけ穴をつけ、空気袋に空気入れ口を取りつけ、空気袋を支軸に取りつけたものである。

それでは、ヒット商品になった「【発明の名称】 洗濯機の糸くず取り具」は、どのような書類にまとめたのか、一緒に研究しましょう。おつきあいください。

そして、みなさんが、【発明者】、【特許出願人】になって、億万長者になったつもりで、出願の書類を書いてみましょう。ワクワクしますよ。

4. 「【書類名】 特許願」の書き方のトリセツ

それでは、形式にしたがって、一緒に「【書類名】 特許願」の出願の書類を書いてみましょう。

願書は、用紙の上方に、6㎝、左右、下に各2㎝の余白を取ります。左右については、2.3㎝を超えないようにしてください。

「特許印紙」は、1万円、5000円、1000円、……、など、数種類あります。大きな郵便局（本局、集配郵便局）で販売しています。

【特許印紙の見本】

用紙の上部に出願料の1万4000円分の「特許印紙」を貼ります。その下にカッコして金額（14,000円）を書きます。

用紙の上部に、6㎝の余白を取るのは、願書だけです。ここの余白部分に特許印紙を貼るためです。

書類を自分で書けば実費だけで、出願の手続きができます。

※注・「特許印紙」は、収入印紙とは違います。買うときにまちがわないようにしてください。

なお、このあとの説明ですが、紙面の都合上、余白の取り方、1行40字詰め、1ページ50行以内など規則（特許法施行規則）どおりになっていません。あらかじめご了承ください。

■「願書」の形式

「例．10,000円+1,000円×４枚」

		特　許 印　紙

（14,000円）

【書類名】	特許願	
【整理番号】	Ｐ－２０２０－０１	
【提出日】	令和２年　　月　　日	
【あて先】	特許庁長官　殿	
【国際特許分類】		
【発明者】		
【住所又は居所】		
【氏名】		
【特許出願人】		
【識別番号】		
【住所又は居所】		
【氏名又は名称】	（印）又は〔識別ラベル〕	
【電話番号】		
【提出物件の目録】		
【物件名】	明細書	1
【物件名】	特許請求の範囲	1
【物件名】	要約書	1
【物件名】	図面	1

用紙の大きさは、Ａ列４番「Ａ４」です。白紙を縦長に使います。左右、上下に、それぞれ２㎝の余白を取ります。

◆「【書類名】　特許願」の形式

【書類名】　特許願
【整理番号】　P―2020―01
【提出日】　令和○年○○月○○日
【あて先】　特許庁長官　殿
【国際特許分類】　B○○K○○／○○

(1)「【書類名】　特許願」の書き方

【書類名】は、「願書」の題名を「【書類名】　特許願」と書きます。

(2)【整理番号】の書き方

【整理番号】は、あとで、自分の出願の書類を整理するための番号です。

ローマ字（A、B、C、……）、アラビア数字（1、2、3、……）、―（短い線）を組み合わせて10文字以下の番号をつけます。

たとえば、「【整理番号】　P―2020―01」のように書きます。

「P」は、特許（Patent）の英語の頭文字です。「2020―01」は、「2020年の1番目」という意味でつけました。次に出願するときは、2番目という意味で「01」を「02」と書いて「P―2020―02」のように書けばいいのです。

（3）【提出日】の書き方

【提出日】は、「【提出日】　令和　年　月　日」、特許庁に出願の書類を提出する日の年・月・日を書きます。郵便局から、「書留」で郵送するときは、発送する日付を書きます。

（4）【あて先】の書き方

【あて先】は、「【あて先】　特許庁長官　○○　○○　殿」と書きます。

特許庁長官の名前がわからないときは、「【あて先】　特許庁長官　殿」と書くだけで大丈夫です。

（5）【国際特許分類】の書き方

「【国際特許分類】　B○○K○○／○○」を、グループ記号まで、なるべく書いてください。

特許庁に出願された「【書類名】　特許願」には、技術内容に応じて国際的に統一された記号がすべて書いています。

これは、「【書類名】　特許願」に何か記号をつけておけば、それがどんな発明の中のどんな技術の分野なのか、どんな内容か、……、あとで調べたいとき、記号を見るだけで、すぐに調べられます。だから、便利です。……、という趣旨から書くようになったのです。

この記号が【国際特許分類】です。次の8つに分類されています。

国際特許分類は、A「生活必需品」、B「処理　操作・運輸」、C「化学及び冶金」、D「繊維及び紙」、E「固定構造物」、F「機械工学・照明・加熱・武器・爆破」、G「物理学」、H「電気」

区別は、特許庁の係の人が、出願された技術の内容に応じて記号をつけてます。ところが、出願が多くなるにつれ、この分類作業が大変になってきたわけです。

そこで、出願の手続きをするときに、その発明の技術の分野を、一番よく知っている出願人自らが願書の「【国際特許分類】　B○○K○○／○○」のところに記号を書いておけば、その分だけ事務処理が迅速化されて余計な手間をかけなくてすむ、と考えて、出願人に要望したわけです。この記号は、「国際特許分類表（特許庁編）」の本を見て調べます。

しかし、これは、あくまで特許庁からのお願いごとです。だから、特許願の願書の【国際特許分類】のところに出願人が記号を書いていないからといって、それだけで不利益な取扱いを受けることはありません。わからなければ、特許庁で調べて書いてくれます。だから、心配しなくても大丈夫です。

(6)【発明者】、【特許出願人】の書き方

【発明者】
【住所又は居所】　○○都○○区○○町○丁目○番○号
【氏名】　○○　○○
【特許出願人】
【識別番号】
【住所又は居所】　○○都○○区○○町○丁目○番○号
【氏名又は名称】　○○　○○　（印）又は〔識別ラベル〕

【電話番号】　　○○-○○○○-○○○○

□①【発明者】の書き方
【発明者】は、○○の作品を考えた人の名前を、【住所又は居所】、【氏名】の項目にわけて書きます。【発明者】の【住所又は居所】は、何県（都道府県）から何丁目、何番、何号まで正確に書きます。【氏名】は、個人（自然人）の名前を書きます。

□②【特許出願人】の書き方
【特許出願人】は、権利者になる人の名前を【識別番号】、【住所又は居所】、【氏名又は名称】、【電話番号】の各々の項目にわけて書きます。

【識別番号】は、特許庁から事前に通知を受けている人がその番号を書きます。たとえば、郵便局、銀行の口座番号みたいなものです。

【住所又は居所】の書き方は、住所は、何県（都道府県）から何丁目、何番、何号まで正確に書きます。

【氏名又は名称】は、権利者になる人の名前を書きます。【特許出願人】の「印（朱肉印）」

を捺印します。印鑑は、三文判で大丈夫です。「識別ラベル」を交付されている人は、「識別ラベル」を貼ってください。そのときは、特許出願人の「印」の捺印は不要です。

□③法人の【特許出願人】の書き方

【特許出願人】
【識別番号】
【住所又は居所】
【氏名又は名称】
【代表者】　　　　　　　　　　　　　　（印）
【電話番号】

法人のときは、「【氏名又は名称】　法人の名称」を書いて、次に「【代表者】　代表者名」を書きます。

法人でない、たとえば、「○○○商店」、「○○○研究会」、「○○○サークル」などは出願人として認めてくれません。

したがって、出願するときは、「【氏名又は名称】　個人（自然人）の名前」を書いてください。

（7）【提出物件の目録】の書き方

【提出物件の目録】
【物件名】　明細書　1
【物件名】　特許請求の範囲　1
【物件名】　要約書　1
【物件名】　図面　1

【提出物件の目録】は、【物件名】　明細書、特許請求の範囲、要約書、図面」です。「1」は、1通という意味です。各書類が複数ページ（数枚）になっても「1」と書いてください。

5.「【書類名】　明細書」の書き方のトリセツ

【書類名】　　明細書
【発明の名称】
【技術分野】【０００１】
【背景技術】【０００２】
【先行技術文献】
　【特許文献】【０００３】
　　【特許文献１】
【発明の概要】
　【発明が解決しようとする課題】【０００４】
【課題を解決するための手段】【０００５】
【発明の効果】【０００６】

【発明を実施するための形態】【０００７】
【図面の簡単な説明】【０００８】
【符号の説明】【０００９】

※紙面の都合上、本書で説明する各種書類の形式が規則（特許法施行規則）どおりになっていません。あらかじめご了承ください。

出願の書類の中で「【書類名】　明細書」の書き方が、一番難しいと一般的にいわれています。ところが、それも形式どおりに書けば簡単に書けます。

「【書類名】　明細書」は、以上の形式のような項目にわけて書きます。

用紙の左右、上下に、各々２㎝の余白を取ります。

明細書は、複数ページ（数枚）になっても大丈夫です。２ページ、３ページになったときは、右上端にページ数「-1-」、「-2-」、……のように書きます。

次に、各項目には、それぞれどんな内容のことを書くのか説明しましょう。

■「明細書」の形式

－　－

【書類名】　　　　明細書
【発明の名称】
【技術分野】
　【０００１】
【背景技術】
　【０００２】
【先行技術文献】
　【特許文献】
　【０００３】
　【特許文献１】
【発明の概要】
　【発明が解決しようとする課題】
　【０００４】
　【課題を解決するための手段】
　【０００５】
　【発明の効果】
　【０００６】
【発明を実施するための形態】
　【０００７】
【図面の簡単な説明】
　【０００８】
【符号の説明】
　【０００９】

※ １行40字詰め、１ページ50行以内でまとめます。

（1）「【書類名】　明細書」の書き方

【書類名】は、題名を「【書類名】　明細書」と書きます。

（2）【発明の名称】の書き方

「【発明の名称】　○○○○」のつけ方は、初歩の発明家の人が最初に悩むところです。

【発明の名称】は、誰でも、簡単明瞭に発明の内容が簡単にわかるような、普通の名称、名前を書きましょう。

たとえば、「【発明の名称】　消しゴムをつけた鉛筆」、「【発明の名称】　洗濯機の糸くず取り具」、……、といったように書きます。

少し長くなっても結構です。だけど、ネーミング（商標）をつけた名称はいけません。

【発明の名称】　消しゴムをつけた鉛筆

【発明の名称】　洗濯機の糸くず取り具

「【発明の名称】　○○○○」だけで、発明の内容がわかるようにつけるのがポイントです。だから、簡単明瞭に表現する普通の発明の名称をつけましょう。

そうすれば、特許庁の審査官は、すぐに、

□ハハァー、これは、鉛筆の軸の一端に消しゴムをつけた鉛筆かぁ。

□ハハァー、これは、網袋の開口部に、枠を取りつけ、枠に支軸をつけ、支軸の中央に取りつけ穴をあけ、空気袋に空気入れ口を取りつけて、空気袋を支軸に取りつけた、洗濯機の糸くず取り具だなぁ。

……、といったように頭の中で、発明の大要が浮かびます。そのつもりで「【書類名】　明細書」を読むことができます。また、他の日に新聞、雑誌で紹介していただいたりするときは、その「【発明の名称】　○○○○」を載せてくれます。

そのとき、それを読んだ人が、その「【発明の名称】　○○○○」だけを見て、だいたいどんな発明なのかがわかるような名称をつけておくと、PRにもなるというわけです。

そうすればスポンサーがあらわれる可能性もあります。だから、次のような「【発明の名称】○○○○」のつけ方はいけません。

たとえば、これは、能率がいい。……、というので、

□×【発明の名称】　能率的な○○
□×【発明の名称】　文化式の○○
□×【発明の名称】　最新式の○○

……、など、というように「【発明の名称】　○○○○」をつける人がいます。
これは、発明の内容がどんなものかわかりにくいので、やめたほうがいいでしょう。
……、少し考えてしまうのは、

□×【発明の名称】　中本式の○○

……、といったように発明者の名前をつけることです。

このように、自分の名前をつけたがる人もいますが、個人名を付けた「【発明の名称】　中本式の○○」はいけません。

□事例・1「消しゴムをつけた鉛筆」の【書類名】、【発明の名称】

【書類名】	明細書
【発明の名称】	消しゴムをつけた鉛筆

□事例・2「洗濯機の糸くず取り具」の【書類名】、【発明の名称】

【書類名】	明細書
【発明の名称】	洗濯機の糸くず取り具

(3)「【書類名】　明細書」の書き方の要点

「【書類名】　明細書」が発明を説明するための本論です。一番大切なところです。書類が難しいというのは、ここのところが書けないということです。

しかし、手紙と一緒で、順序にしたがって書けばいいのです。

用紙が複数ページ（数枚）になっても結構です。「図面の符号」と一緒に、その構成を詳しく説明します。

●出願の書類も、手紙の書き方と同じ

【書類名】　明細書」は、初心者が最も書きにくいといわれているところです。

ところが、じっさいに書いてみると、簡単に書けます。そのことをこれから体験しましょう。

発明の内容がわかれば、それでいいからです。

しかし、はじめての人は、どのように、書き出しを書いていいのかわからないと思います。

はじめて体験することです。だから、ムリもありません。

それは、ちょうど、手紙を書いたことのない子どもに、誕生祝いの案内の手紙を書いてみて、

……、というのと同じです。

そこで、親は子どもに手紙の書き方を次のように教えると思います。
□はじめに、「拝啓」と書きます。
□次は、「時候見舞い」を書きます。

□それから、「さて、」と「用件」を詳しく書きます。
□そして、「……、まずは、ご案内まで」……、と書いて最後に、「敬具」と結ぶのよ。
……、といったように「具体的な文の流れ」を教えます。

すると、簡単に書けるようになるでしょう。出願の書類も、それと同じです。発明者が特許庁に出す手紙のようなものです。だから、その書き方の順序を知ると案外やさしいものです。

特許法の施行規則には、「発明の目的」、「発明の構成」、「発明の効果」を書くようになっています。……、それを、もう少し整理してみましょう。

「【書類名】　明細書」は、
□①発明のあらまし【技術分野】、【背景技術】を書きます。
□②従来（いままで）の製品の構造上の欠点、使い方などの問題点【発明が解決しようとする課題】を書きます。
□③その欠点を除くために考えた構成（しくみ）【発明を解決するための手段】を書きます。
□④その（以上のような）構成です。だから、こういう効果【発明の効果】が生まれました。
……、と説明します

□⑤【発明を実施するための形態】を書きます。一緒に「使い方」を説明します。その他の「実施例」を書きます。

以上のような内容のことです。本書で紹介している事例を2〜3回、読んでください。そして、そのパターンをモデルにしてください。事例と同じように書いてみてください。書くときに気をつけていただきたいことがあります。あとで内容の追加ができないので、全体的に、詳しく書いておくのがいいということです。

□「出願審査請求書」、「拒絶理由通知」

その理由は、出願の日から3年以内に「出願審査請求書」を提出すると、後日、特許庁から「特許査定（YESという返事）」か「拒絶理由通知（NOという返事）」が来ます。

もしもですが「拒絶理由通知」が来てしまったとき、本文の中に書いてあった、文字、文章を取り除くことはできます。ところが、新たな文字、文章を追加することは難しいです。「図面（説明図）」も同じことです。

だから、長々と書いて審査官には申し訳ないのですが、できるだけ詳しく書いておくのがいいということです。書いてさえあれば、それから引き出して、後日「発明の構成」、「発明の効果」をならべることもできるし、いろいろと理屈もつけられます。

だから「拒絶理由通知」を受けても、十分にそれをひっくり返して「登録」にできるのです。

文章は、下手でも、苦手でもいいです。書き落としがないように、詳しくまとめてください。

「【書類名】　明細書」は、手紙と一緒です。書き方に順番があります。順序にしたがって書いてください。すると、書き落としがありません。すぐに、慣れます。それは、次の通りです。

□「段落番号　【０００１】～」

「段落番号　【０００１】～」は、各々の項目の下に、【０００１】、【０００２】、【０００３】…、のように書きます。原則として、それぞれ「【」、「】」をつけた、４桁のアラビア数字で「段落番号」をつけます。数字、カッコは、すべて全角文字です。これを「段落番号」といいます。

出願後に手続補正（訂正）をしたいときに、この「段落番号」をつけていると「段落番号」ごとに補正ができます。

「段落番号　【０００１】～」は、見本にあるように、【技術分野】【０００１】から、【符号の説明】【０００９】まで、各々の項目の下の行に必ずつけてください。

ただし、【発明の概要】のすぐ下の行だけには「段落番号」が不要です。

「【書類名】　明細書」には、各項目をわけて内容を書きます。

次に、その項目には、それぞれ、どんな内容のことを書くのか説明しましょう。

（4）【書類名】　明細書」の各項目の具体的な書き方

「【書類名】　明細書」の具体的な書き方は、次の通りです。

「【書類名】　明細書」に使える「書き方の順序」、「決まり文句」があります。それを◆そのまま使える書き方◆として紹介します。あなたの発明をそこにあてはめて書いてみてください。きっと、スラスラと気持ちよく書けるでしょう。

（5）【技術分野】の書き方

【技術分野】は、発明のあらましを2～3行にまとめて書きます。

「【技術分野】【0001】　本発明は、○○（何）の○○（どこ）に○○（何）をした（発明の名称）に関するものである。」

……、といったように発明の大略を書きます。

「【発明の名称】　○○○○」よりちょっと長文にして、審査官がここを読めば、本発明のアウトラインがわかるように書けばいいのです。

◆**そのまま使える書き方**◆

本発明は、………………………、（発明の名称）に関するものである。
※内容の説明は（～である。）調で書きます。

……、といったように、「本発明は、………………」……、という文頭に始まり、「○○○○に関するものである。」……、という文末にすると書きやすいです。

具体的には、次のように書きます。

□事例・１「消しゴムをつけた鉛筆」の【技術分野】

【技術分野】

【0001】

本発明は、形が小さくなった消しゴムを使うとき、使いやすいように、鉛筆の軸の一端に消しゴムをつけた鉛筆に関するものである。

□事例・2「洗濯機の糸くず取り具」の【技術分野】

【技術分野】

【0001】

本発明は、洗濯中に洗濯機内の水中にただよう糸くず、綿ぼこりを自動的に取り除くようにした、洗濯機の糸くず取り具に関するものである。

---

(6)「背景技術」の書き方

【背景技術】は、従来（いままで）どんな技術があったかを書きます。

本発明を考えた、以前の従来の技術、状況を説明します。

つまり、……、が生まれるいぜんのありのままの技術情報を審査官に知らせる。……、という意味です。

◆**そのまま使える書き方**◆

従来、…………があった。
従来の…………は…………している。また、…………しているものもある。
……、といったように書きます。具体的には、次のように書きます。

□事例・1「消しゴムをつけた鉛筆」の【背景技術】

【背景技術】
【0002】

従来、鉛筆と消しゴムは別々になっていた。

□事例・2「洗濯機の糸くず取り具」の【背景技術】

【背景技術】

【０００２】

従来の洗濯機は、性能は良くなったが、セーター、ワイシャツなどを洗ったとき、糸くず、綿ぼこりまで、吸い取ってしまうようになってしまった。

その結果、衣類から出た、糸くず、綿ぼこりが、水中をただよったり、浮いてしまう。

(7)【先行技術文献】の書き方

【先行技術文献】は、先願調査をして類似の先願特許公報を知っているときは、この項目の最後の行に【特許文献1】と表示して、その公報の番号を書きます。

複数あるときは、行を変えて、
【特許文献2】……、と続けて書きます。
このように【先行技術文献】を書きます。

□事例・1「消しゴムをつけた鉛筆」の【先行技術文献】

【先行技術文献】
【特許文献】
【0003】
【特許文献1】　特開〇〇〇〇‐〇〇〇〇〇〇号公報

□事例・2「洗濯機の糸くず取り具」の【先行技術文献】

【先行技術文献】

【特許文献】

【0003】

【特許文献1】　特開〇〇〇〇－〇〇〇〇〇〇号公報

（8）【発明の概要】【発明が解決しようとする課題】の書き方

【発明の概要】は、【発明が解決しようとする課題】から書いていきます。

いままでの発明のどこに課題（構造上の欠点、使い方などの問題点）があったのか。

どんなことが要求（要望）されていたのか。

本発明で解決しようとするねらいは、何か。

従来の欠点を上げることによって、その後に述べようとする自分の発明（作品）がいかに効果的なものかを浮きぼりにさせるわけです。

……、次のように書きます。

◆そのまま使える書き方◆

これは、次のような欠点があった。

本発明は、以上のような欠点をなくすために考えたものである。

……、といったように書きます。具体的には、次のように書きます。

□事例・1「消しゴムをつけた鉛筆」の【発明が解決しようとする課題】

【発明の概要】

【発明が解決しようとする課題】

【0004】

これは、次のような欠点があった。

(イ)従来、消しゴムは何度も使っていると、形が小さくなるので使いにくかった。

(ロ)その消しゴムが必要になったとき、探しても形が小さくなっているので、消しゴムが見つけにくく、困ることが多かった。

本発明は、以上のような欠点をなくすためになされたものである。

□事例・2「洗濯機の糸くず取り具」の【発明が解決しようとする課題】

【発明の概要】

【発明が解決しようとする課題】

【0004】

これは、次のような欠点があった。

（イ）洗って干すとき、洗濯物の衣類、黒色の靴下などの表面に点々と糸くず、綿ぼこりが付着していた。それが目立ち、見苦しかった。

（ロ）洗濯物を干したあとで、片づけるとき、衣類に付着した糸くず、綿ぼこりを、一つ一つ手で取り除いていた。

これは、きわめてわずらわしい作業であった。

（ハ）衣類の生地を傷める原因にもなっていた。
本発明は、以上のような欠点をなくすためになされたものである。

（9）【課題を解決するための手段】の書き方

【課題を解決するための手段】は、物品の形状、構造、組み合わせなど、その発明（作品）のポイントになる構成（しくみ）を書きます。

つまり、本発明がどのような部品で、どのように組み立てられているのか、などを書きます。

【課題を解決するための手段】は、【特許請求の範囲】と同じように書いてください。

このとき、図面の部品の符号と一緒に説明してください。次のように書きます。

◆そのまま使える書き方◆

何の　どこに　何を　設ける。
本発明は、以上の構成よりなる（発明の名称）である。

……、といったように書きます。【課題を解決するための手段】の書き方は、「【書類名】　特許請求の範囲」と同じように書きます。具体的には、次のように書きます。

□事例・1「消しゴムをつけた鉛筆」の【課題を解決するための手段】

【課題を解決するための手段】
【0005】
鉛筆の軸（1）の一端に筒（2）を設け、筒（2）に消しゴム（3）を設ける。
本発明は、以上の構成よりなる消しゴムをつけた鉛筆である。

□事例・2「洗濯機の糸くず取り具」の【課題を解決するための手段】

【課題を解決するための手段】

【0005】

網袋（1）の開口部に、枠（2）を設け、枠（2）に支軸（3）を設け、支軸（3）の中央に取りつけ穴（4）を設け、空気袋（5）に空気入れ口（6）を設け、空気袋（5）を支軸（3）に取りつける。

本発明は、以上の構成よりなる洗濯機の糸くず取り具である。

---

(10)【発明の効果】の書き方

【発明の効果】は、このような構成である。だから、このような【発明の効果】が生まれた。……、と書きます。

課題（問題点）を解決した点が【発明の効果】です。セールスポイントを書いてください。

この【発明の効果】をうまく書くことが大切です。具体的には、次のような内容を書きます。

【発明が解決しようとする課題】が【発明の効果】につながります。

□事例・1「消しゴムをつけた鉛筆」の【発明の効果】

【発明の効果】
【0006】
（イ）消しゴムが必要になったときでも消しゴムと鉛筆が一体になっているので探す手間が省ける。
（ロ）形が小さな消しゴムでも鉛筆の柄を持って使えるため間違った文字も消しやすい。

□事例・2「洗濯機の糸くず取り具」の【発明の効果】

【発明の効果】
【0006】
（イ）洗濯機の中に、本発明品を浮かせておくだけで、糸くず、綿ぼこりを自動的に取り除くことができる。
（ロ）衣類の生地を傷めることもなくなる。

（ハ）空気袋（5）をふくらませると大きくなるが、空気を抜くと小さくなり、大きさを自在にできるので、輸送と保管が便利である。

(11)「図面の簡単な説明」の書き方

【図面の簡単な説明】は、「【図1】本発明の○○図である。」のように書きます。

○○図は正面図、平面図、斜視図、分解斜視図、断面図、A－A断面図などのように図の名称を書きます。具体的には、次のように書きます。

□事例・1「消しゴムをつけた鉛筆」の【図面の簡単な説明】

【図面の簡単な説明】
【0007】
【図1】本発明の分解斜視図である。
【図2】本発明の斜視図である。

□事例・2「洗濯機の糸くず取り具」の【図面の簡単な説明】

【図面の簡単な説明】
【0007】
【図1】　本発明の分解斜視図である。
【図2】　本発明の斜視図である。

(12)【発明を実施するための形態】の書き方

【発明を実施するための形態】は、【課題を解決するための手段】に書いた内容をさらに詳しく書いてください。物品の形状、材質をあらわしたいときはここに書いてください。

次に、この発明品をどのような方法で使うのか「使い方」を説明します。

本発明は、こういうところにも利用できる……、といった「実施例」を書いてください。

◆そのまま使える書き方◆

以下、本発明の実施をするための形態について説明すると、………（「課題を解決するための手段」をさらに詳しく説明してください。）………。

本発明は、以上のような構造である。

本発明を使用するときは、………（使い方を説明する）………。


……、といったように書きます。具体的には、次のように書きます。

□事例・1「消しゴムをつけた鉛筆」の【発明を実施するための形態】

【発明を実施するための形態】

【0008】

以下、本発明の実施をするための形態について説明する。

鉛筆の軸（1）の上部の一端に金属製の円筒（2）を設ける。

円筒（2）に円柱状の消しゴム（3）を差し込む。

円筒（2）をかしめ、消しゴム（3）を鉛筆の軸（1）に固定する。

本発明は以上のような構造である。

本発明を使用するときは、鉛筆の軸と一体になったこの小さな消しゴムで鉛筆の柄を持って間違った文字などを消せばいい。

□事例・2「洗濯機の糸くず取り具」の【発明を実施するための形態】

【発明を実施するための形態】

【0008】

以下、本発明の実施をするための形態について説明する。

細かい網目からなる円すい状の網袋（1）の開口部に、枠（2）を設ける。

枠（2）に支軸（3）を設ける。

支軸（3）の中央に取りつけ、穴（4）を設ける。

空気袋（5）に空気取り口（6）を設ける。

空気袋（5）を支軸（3）に取りつける。

本発明は、以上のような構造である。

本発明を使用するときは、空気入れ口（6）から空気袋（5）に空気を入れて、ふくらませたあと、枠（2）に取りつける。

そのあとで、洗濯機の中に投入しておく。

そうすると、次のような要領で、糸くず、綿ぼこりが自動的に取り除けるようになった。

洗濯機の中で、洗濯水は回転しながら中心でうずを巻いている。

したがって、円すい状の網袋（1）の先端は、洗濯機の底の方へ引かれ、網袋（1）の開口部は空気袋（5）によって、いつも上を向きながら浮き沈みする。

そこで、洗濯水は、網袋（1）の開口部から入り、網袋（1）の先端から抜ける。

このとき、網袋（1）の網目で洗濯水を濾過して、糸くず、綿ぼこりだけが取れる。

（13）「符号の説明」の書き方

【符号の説明】は、「【符号の説明】　1　○○○　2　○○○　3　………」のように図の部品、要部につけた番号の名称を書きます。

具体的には、次のように書きます。

□事例・1「消しゴムをつけた鉛筆」の【符号の説明】

【符号の説明】
【0009】
1　鉛筆の軸　2　筒　3　消しゴム

□事例・2「洗濯機の糸くず取り具」の【符号の説明】

【符号の説明】

【0009】

1　網袋　2　ワク　3　支軸　4　取りつけ穴　5　空気袋　6　空気入れ口

「【書類名】　明細書」は、以上のように書きます。

読み終えた感想は、いかがですか。

……、簡単だったでしょう。書けるような気がしたでしょう。

さっそくですが、同じように書いてみてください。見事な説明書が書けます。

紙面の都合上、余白の取り方、1行40字詰め、1ページ50行など規則通りになっていません。

あらかじめご了承ください。

■「明細書」の形式と書き方◆そのまま使える書き方◆

－１－

【書類名】　明細書
【発明の名称】　○○○○
【技術分野】
　【０００１】
　本発明は、……………………………………………………
………………………………○○○○に関するものである。
　※ ○○○○には、発明の名称を書きます。

【背景技術】
　【０００２】
　従来、…………………………………………………………
…………………………………。

【先行技術文献】
　【特許文献】
　【０００３】
　【特許文献１】　特開○○○○－○○○○○○○号公報

【発明の概要】
　【発明が解決しようとする課題】
　【０００４】
　これは、次のような欠点があった。
（イ）…………………………………………………………。
（ロ）…………………………………………………………。

説明用のワクの線は、用紙、A列４番「A４(横21㎝、縦29.7㎝)」の大きさをあらわしています。

－２－

本発明は、以上のような欠点をなくすためになされたものである。

【課題を解決するための手段】

【０００５】

……………………………………………………………。

……………………………………………………………。

本発明は、以上の構成よりなる○○○○である。

【発明の効果】

【０００６】

（イ）……………………………………………………。

（ロ）……………………………………………………。

【図面の簡単な説明】

【０００７】

【図１】　本発明の○○図である。

【図２】　本発明の○○図である。

【発明を実施するための形態】

【０００８】

以下、本発明を実施するための形態について説明する。

……。

本発明は、以上のような構成である。

本発明を使用するときは、………………………………………………………………………………。

用紙は、A列４番「Ａ４（横21㎝、縦29.7㎝）」の白紙を縦長にして使います。用紙の左右、上下に２㎝の余白を取ります。

－3－

【符号の説明】

【0009】

1　○○○

2　○○○

…　………

紙面の都合上、本書で説明する書類の用紙の大きさ、形式などが規則（特許法施行規則）どおりになっていません。あらかじめご了承ください。

6.「【書類名】　特許請求の範囲」の書き方のトリセツ

「【書類名】　特許請求の範囲」は、他の人（第三者）にマネされては困る、ことを書きます。つまり、自分で考えた形とか構成（しくみ）とか、物品の形状とか、物品の組み合わせ、などを書くところです。

用紙の左右、上下にそれぞれ２㎝の余白を取ります。

初心者の発明家の中には、

□【書類名】　特許請求の範囲　日本国中。

□【書類名】　特許請求の範囲　○○を除くいっさいの範囲。

……、などと書いて思わず審査官を吹き出させることがあるそうです。ここは、なるべく短く、考えた発明の構成のポイントを一項にまとめて書くようにしてください。

書き方は、「何の、どこに、何を、設けた（発明の名称）。」……、といったように書きます。

□事例・1「消しゴムをつけた鉛筆」の「【書類名】　特許請求の範囲」

【書類名】　特許請求の範囲
【請求項1】
鉛筆の軸（1）の一端に筒（2）を設け、筒（2）に消しゴム（3）を設けた消しゴムをつけた鉛筆。

……、といったように、その発明の構成（しくみ）を書きます。

ここで、注意していただきたいことがあります。

それは、長々と具体的に書けば書くほど、権利範囲は狭くなってしまう、……、ということです。

たとえば、「鉛筆（1）」を「六角形の鉛筆（1）」とか、「筒（2）」を「金属製の筒（2）」のように形状、材質を限定して書かないでください。……、ということです。

■「特許請求の範囲」の形式

【書類名】　特許請求の範囲
【請求項１】

用紙は、Ａ列４番「Ａ４（横21㎝、縦29.7㎝）」の白紙を縦長にして使います。用紙の左右、上下に２㎝の余白を取ります。

□事例・2「洗濯機の糸くず取り具」の「【書類名】特許請求の範囲」

【書類名】　特許請求の範囲
【請求項1】
網袋の開口部に、枠を設け、枠に支軸を設け、支軸の中央に取りつけ、穴を設け、空気袋に空気入れ口を設け、空気袋を支軸に取りつけた洗濯機の糸くず取り具。

●「【書類名】特許請求の範囲」の多項制の書き方

次に「【書類名】特許請求の範囲」を、多項制「【請求項1】、【請求項2】、【請求項3】……」で書くときの一例を紹介しましょう。

□事例・1「「消しゴムをつけた鉛筆」の「【書類名】特許請求の範囲」の多項制の書き方

【書類名】　特許請求の範囲

【請求項1】

鉛筆の軸（1）の一端に筒（2）を設け、筒（2）に消しゴム（3）を設けた消しゴムをつけた鉛筆。

【請求項2】

筒（2）に消しゴム（3）を挿入し、これを鉛筆の軸（1）にかしめて固定した、請求項1の消しゴムをつけた鉛筆。

【請求項3】

消しゴム（3）に接着剤をつけ、これを鉛筆の軸（1）に接着した、請求項1の消しゴムをつけた鉛筆。

7.「【書類名】　要約書」の書き方のトリセツ

「【書類名】　要約書」は、「【書類名】　明細書」に書いた発明の【課題】、【解決手段】を簡潔にまとめたものです。全体を４００字以内でまとめます

「【書類名】　要約書」は、特許の権利範囲には関係ありません。内容をわかりやすく要領よくまとめればいいのです。

用紙の左右、上下にそれぞれ２㎝の余白を取ります。

「【書類名】　要約書」は、次のような内容を書きます。

□①「【書類名】　要約書」：要約書の題名を「【書類名】　要約書」と書きます。

□②【要約】：【課題】と【解決手段】の項目をつけて書きます。

□③【課題】：発明の要点だけを簡潔にまとめます。

□④【解決手段】：【解決手段】は、「【書類名】　明細書」の【課題を解決するための手段】と同じように書きます。

□⑤【選択図】：発明の内容を理解するために、出願の図面に描いた中から、最もわかりや

すい図の番号を「【書類名】 図1」のように書きます。具体的には、次のように書きます。

【書類名】 要約書

【要約】

【課題】 ……………………………を提供する。

【解決手段】 ……（構成を書きます）……を特徴とする。

【選択図】 図1

□事例・1「消しゴムをつけた鉛筆」の「【書類名】 要約書」

【書類名】 要約書

【要約】

【課題】 本発明は、形が小さくなった消しゴムを使うとき、使いやすいように、鉛筆の軸の一端に消しゴムをつけた鉛筆を提供する。

【解決手段】　鉛筆の軸（1）の一端に筒（2）を設け、筒（2）に消しゴム（3）を設けたことを特徴とする。
【選択図】　図1

□事例・2「洗濯機の糸くず取り具」の「【書類名】　要約書」

【書類名】　要約書
【要約】
【課題】　本発明は、洗濯中に洗濯機内の水中にただよったり、浮いている糸くず、綿ぼこりを自動的に取り除くようにした、洗濯機の糸くず取り具を提供する。
【解決手段】　網袋の開口部に、枠を設け、枠に支軸を設け、支軸の中央に取りつけ穴を設け、空気袋に空気入れ口を設け、空気袋を支軸に取りつけたことを特徴とする。
【選択図】　図1

■「要約書」の形式

【書類名】　要約書
【要約】
【課題】

【解決手段】

【選択図】

※全体を 400 字以内でまとめます。

8.「【書類名】　図面」の描き方のトリセツ

●「【書類名】　図面」の描き方

用紙は、白紙を縦長にして使います。

「図面」は、黒色（製図用ペン、黒インク）で鮮明に描きます（コピーしたものでも結構です）。

「図面」は、用紙の横17㎝、縦25・5㎝の範囲内に描きます。

「図面」は、わかりやすく描くことがポイントです。図面の枚数は、制限はありません。だから、わかりやすく描くために複数ページ（2～3枚）になっても結構です。複数ページになったときは、右上端にページ数「-1-」、「-2-」、……、のように番号をつけます。

それでは、図面（説明図）を描いてみましょう。図面の描き方は、「消しゴムをつけた鉛筆」と「洗濯機の糸くず取り具」の説明図と図面の見本を参照してください。

（1）「【書類名】　図面」の書き方

【書類名】は、図面の題名を「【書類名】　　図面」と書きます。

■「図面」の形式

【書類名】 図面
【図１】

「図面」は、用紙の横１７cm、縦２５・５cmの範囲内に描きます。

（2）「図の番号」の書き方

「図の番号」は、「【図1】」と書きます。

2つ以上の図があるときは、発明の特徴をもっともよくあらわす図を「【図1】」として、以下「【図2】」、「【図3】」、……、のように連続番号をつけます。

□①図は、上下に並べて描く：2つ以上の図（図1、図2、……）上下に並べて描きます。

□②図は、横に並べて描いてはいけない：2つ以上の図（図1、図2、……）を横に並べて描いていけません。

（3）特許の図面の描き方・施行規則の備考（抜粋）

□①符号は、アラビア数字で書きます。大きさは、約5㎜平方とし、引き出し線を引いてつけます。

□②線の太さは、実線は、約0・4㎜（引出線は、0・2㎜）点線、および、鎖線は、約0・2㎜とします。

□③切断面には、平行斜線を引きます。

□④中心線は、とくに、必要があるときの他は引いてはいけません。

図面の描き方の参考文献は、拙著『これでわかる立体図の描き方（基礎と演習）』（パワー社刊、2008年）などがあります。

9．2つの方法で、特許庁に出願の手続きができる

（1）「特許願」を書面で出願の手続きをする

一つは、ここまで説明してきたように、書面で出願の手続きをする方法です。「①願書、②明細書、③特許請求の範囲、④要約書、⑤図面」の順に書類をまとめます（p189に図◆「特許願」の書類のとじ方）。願書に、出願手数料の1万4000円（特許印紙）を貼って、特許庁に出願の手続きをします。

ただし、書面で出願の手続きをしたときには、特許庁が指定する電子化機関によって、すべてコンピュータに入力されます。この「電子化手数料」の費用は、出願人の負担になります。

これから、特許の出願をしようと思っている人、出願件数の少ない町（個人）の発明家、パソ

コンに不慣れな人、中小企業には、この一番手軽な、書面で出願の手続きをする方法をおすすめします。

（2）電子化手数料

「特許願」を書面で出願の手続きをすると、その内容は、特許庁で指定する機関によってコンピュータに入力されます。「電子化手数料」の費用は、出願人が負担します。

「特許１件」につき、「１２００円＋７００円（書類１枚）×書類の枚数」です。たとえば、「①願書１枚、②明細書３枚、③特許請求の範囲１枚、④要約書１枚、⑤図面１枚」のときは、書類の枚数が合計７枚です。１２００円＋７００円×7枚＝６１００円になります。

「電子化手数料」は、出願の日から2〜3週間後に「（一財）工業所有権電子化情報化センター」から支払用の払込用紙が送られてきます。そのときに支払ってください。

「意匠登録願」、「商標登録願」についても、同じように電子化手数料がかかります。

（3）電子出願

もう一つは、パソコンからオンラインで出願の手続きをする方法です。

パソコンで作成した出願の書類を、そのまま、パソコンからオンラインで、特許庁に出願の手続きができます。

書類のまとめ方は、書面で出願の手続きをするときのまとめ方と同じです。

この電子出願を活用するには、事前の準備が必要になります。

詳細は、特許庁のホームページをごらんください。

◆「特許願」の書類のとじ方

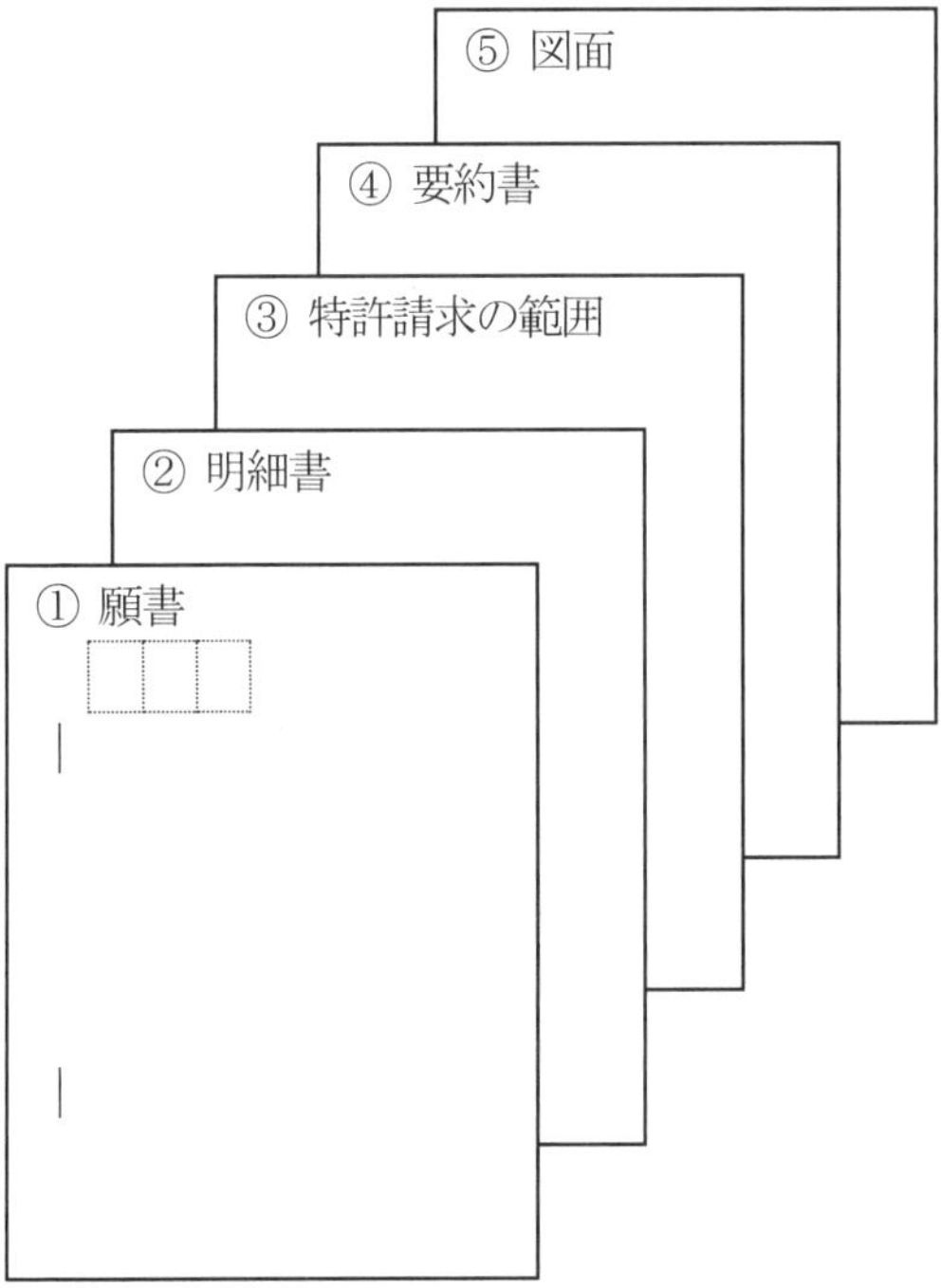

※左側をホッチキスでとじます。

◆提出先「書留の郵便（または、持参）」

〒100-8915
東京都千代田区霞が関３－４－３
特許庁長官　殿
「特許願」在中
または「特許庁　出願課受付」

■――発明成功十訓――

一．発明は、慾から入って欲から、はなれたころ、成功する
二．悪い案も出ない人に、良い案は生まれない
　まず、悪い案でもよいからたくさん出せ
三．一つ考えた人は、考えなかった人より一つ頭がよくなる
四．頭、手、足を使っても、お金は使うな
五．発明のテーマ「科目」は、自分でテスト（実験）ができるものの中から選べ
六．くそっと思ったら、金の卵がある
七．半歩前進、ちょっとひねれ、それが成功のもと
八．他の人（第三者）の発明に感動する心を養え
　次に、私ならこうする。……、と考えよ
九．出願の書類の文章は、自分で書け、それが、次の発明をひき出す
十．発明の売り込み「プレゼン」は、発明したエネルギーの二倍使え

まとめ
先願主義だけど、
特許庁に
出願の手続きを急げ、
ということではない

1．ムリをして、お金を使って、急いで出願の手続きをしなくても

町（個人）の発明家は、最初のころ、次々に発明を思いつきます。

その〝発明・発想力〟は素晴らしいです。今度は、その発明の内容を具体化しましょう。
□図面（説明図）を描いて、形にあらわしましょう。
□大きさ（寸法）を決めましょう。
□手づくりで、試作品をつくりましょう。
□使いやすくなったか、テスト（実験）をしましょう。
□便利になったか、効果を確かめましょう。
……、どうですか。……、出願することが、一番じゃないでしょう。

……、出願の手続き、急がなくてよかったでしょう。

でも、町（個人）の発明家の中には、第一志望の○○会社に売り込み「プレゼン」をすれば、○○の作品は、着想がいいです。だから、製品に結びつく、と思っている人がいます。

そういった状況のとき、専門家に相談します。すると、プロに頼んで、一日も早く出願の手

続きをしなさい。……、とすすめられます。それで、自分の考えは間違っていない、と思い〝一日も早く出願の手続きをしなさい〟に心が動いてしまうのです。〝出願したい〟と思っているから〝やはり、そうか〟と思うのです。

また、発明の学習をスタートしたばかりの「発明の入門者」が気にすることがあります。

□①特許は、先願（せんがん）主義だ、ということです。

□②出願の手続きが一日でも遅れると、もう他の人(第三者)のもの(権利)になってしまう。

……、ということです。

○○の作品が製品に結びつかない理由があります。

それは、いま〝思いつき〟の段階です。だから、まだ、魅力がある作品にまとまっていないのです。……、それでも、本人は、○○の作品、〝素晴らしい〟と思うのです。……、それで、出願の手続きを急ごうとします。

ここで、一日も早く、出願の手続きができるのだったら、諸費用が数十万円かかったとしても、しょうがないですよ。初期の投資ですよ。○○の作品は、近い将来、数百万円、いや、数千万円儲かります。だから、……、と簡単に答える人がいます。

だけど、お金を使って、ムリをして、出願の手続きを急いでも〝出願＝権利＝製品〟の保証もなく、〝製品化のパスポート〟も、だれも発行してくれません。その結果、出願を急いで、お金も、時間も、ムダにするのです。

2. それでも、どうしても、出願の手続きをしたい、そのときは

そのような状況の中で、それでも、一日も早く○○の作品の出願の手続きをしたいです。……、そのときは、自分で出願の書類にまとめることです。

○○の作品の先行技術（先願）を調べたときの公報が参考書になります。

すると、出願の手数料１万４０００円（特許印紙代）だけで、出願の手続きができます。

出願の書類をまとめるのは、やさしく、楽しいものです。

過去の統計、を見れば、儲かる発明は、１０００に３つ（０・３％）くらいです。あとの９９７は、迷案、珍案、愚案、ウッ（!?）がつくものばかりです。

その理由ですか。

出願の書類を書いてみるのです。いまの時点では、まだ、発明の内容がまとまっていません。だから、〝説得力〟がないのです。

いま、思いつきの状態です。それなのに、お金を使うから〝発明貧乏〟〝出願貧乏〟のはじまりだ、……、と言われてしまうのです。このような状況のとき、冷静になることが大切です。

高ぶった気持ちが落ちついたとき、こんなはずじゃなかったのになあー、……、を体験してしまうのです。ここで、後悔するのです。

だから、お金と時間、ムダ使いだけはしないようにお願いします。

だって、いま、あなたが一日も早く、出願の手続きをしたい。……、と思っている〇〇の作品も、40年間で数万件の発明を指導した、私の体験からいえることは、そう簡単に、〇〇の作品を採用します。……、といっていただける〇〇会社は見つからないです。

その理由は、簡単なことです。以前に同じ内容の先行技術（先願）があったからです。

町（個人）の発明家で、超有名な笹沼喜美賀さんが発明した、「洗濯機の糸くず取り具」だって、製品に結びついたのは、十数件めの作品だった、と聞いています。

そうです。多くの人が、発明の学習をスタートして、最初のころに創作した数件は、製品に結びついていないのです。だから、……、

□①最初は、たくさんの数を出すことです。
□②その中で、信頼できる友人に相談することです。
□③発明学校で発表することです。
□④発明コンクール、ミニコンクールに応募することです。出願の準備中でも応募できます。
□⑤情報をまとめて、自分でも判断することです。
□⑥諸費用のこともあります。だから、必ず家族に相談することです。

その中で、これなら！　と思うものを選択してください。それを、手づくりで、出願の書類にまとめるのです。すると、手続きの準備ができます。

発明学校、発明コンクール、ミニコンクールの資料が必要なときは、お手数ですが、「本書を読みました」と書いて、〒162―0055　東京都新宿区余丁町7番1号　一般社団法人発明学会（会員組織）に、「発明学校、発明コンクール、ミニコンクールの資料請求」と書いて　中本繁実 宛て、返信用切手84円×8枚を同封し請求してください。これは、読者に対するサービスです。「発明ライフ（小冊子）500円」をプレゼントいたします。

3.「発明学校」で発表してみよう

現在、全国五十数カ所で、毎月、1回・土曜日（または、日曜日など）に、町（個人）の発明家が集まって発明学校（研究会）が開校されています。

多いところでは、100余名、少ないところでも、十数名の町（個人）の発明家が集まります。目を輝かせながら、マイクを握る司会者、発表者の一言一句に集中しています。

ここに集まる人は、町（個人）の発明家、サラリーマン、技術者、家庭の主婦、OL、学生さんなど、じつにさまざまです。たとえば、いま使っている家庭用品の不便なところを改良して発表します。

◆情報の交換ができる

講師、会場の参加者と情報を交換し合います。みんなで、発表した○○の作品が製品に結びつくように協力します。特許（発明）の先輩がいて親切に教えてくれます。

あなたも、発明学校に、出席してください。すると、作品のレベルがみちがえるほど高くなります。メンバーも大歓迎してくれます。素晴らしい作品ができたら、発明学校で発表してください。売り込み（プレゼン）の練習ができます。

素晴らしい作品を考えた人のスポンサーになろうという会社の経営者、企画、開発担当者も出席しています。製品に結びつく道も開けています。

参加費（当日会費）は、1回、1500円くらいです。面接で個人相談も受けられます。

◆東京発明学校の最寄り駅……「都営大江戸線（地下鉄）・若松河田駅」

「若松河田駅」は、「新宿西口駅」からだと2つめの駅「新宿西口駅→東新宿駅→若松河田駅」です。改札口を出た真正面に案内用の地図があります。

その地図に一般社団法人 発明学会の場所が表示されています。地上の出口「河田口」を出て、左側方向へ、徒歩約5分のところです。

「発明学会」は、5階建ての黒っぽいビルです。会場は、3Fのホールです。

発明学会の場所は、あとで、詳しく説明します。

4. ○○の作品のレベルが確認できる「発明コンクール」

スポーツと同じように、○○の作品の〝発明力〟を試すときには、試合に参加してみることが一番です。それが発明コンクールです。

発明コンクールで上位に入賞すると、「契約金は、10～100万円＋ロイヤリティは、2～5％」で、○○の作品が製品になる可能性が出てきます。

メリットの一つは、特許などの出願をしなくても応募ができることです。書類は、公開しません。

入賞したら、出願などを指導してくれます。

それから出願しても遅くないので、何万円もの節約ができます。

また、製品になっていない作品なら、他の発明コンクールに応募したものでも大丈夫です。

○○の作品を審査するのが発明を求めている協賛会社の社長さん、企画、開発担当者です。

結論が出るのも早いです。

会社では、製品にできる作品を熱心に探しています。みなさんの作品を製品にしてくれます。

水準以上の作品なら製品になる可能性も大です。

発明コンクールは、○○の作品を形「製品」にできる、町（個人）の発明家の「登竜門」です。

5. 特許の権利（独占権）が取れるのは、約4割

過去1年間の出願件数を調べてみました。すると、約32万件です。その中で権利が取れるのは、約4割です。みなさんは、本当にいい選択をしてくださいね。

○○の作品を完成させるまでに注意していただきたいことがあります。

それは、自分の〝思いつき〟を、どこにでも行って、ポイポイと話してはいけません。

それが、数年たったころ、ポッカリ、専門店、量販店などで顔を出すことだってあります。

……、そのとき、しまった、と思っても、もう遅いのです。

そこで、人に話すとき、売り込み「プレゼン」の手紙を送るときは、必ず、これは、私の特許です。○○の作品は、特許出願中（PAT・P）です。……、とつけ加えておきましょう。

PAT・P（Patents Pending）は、特許出願中という意味です。

そうすると、先方が○○の作品を気に入ったときは、相談にきます。○○の作品、製品に結びついたら、一緒にお祝いをしましょう。私は、洒落も大好きですが、お酒も大好きです。うれしいお便り、待っています。

6. 最初は「一回・一件、体験相談」を活用しよう

町（個人）の発明家のよき相談役として、頼りにされている、一般社団法人 発明学会（会員組織）では「発明の入門者」のために、体験相談（面接、手紙）を行なっています。「一回・一件、体験相談（面接相談は、予約が必要）」を希望されるときは、相談にこられる前に、あなたの発明に関連した情報を集めてください。

出願の書類の書き方の添削から、売り込み「プレゼン」などのアドバイスをしてくれます。関連した情報は、USBメモリーに保存しておいてください。それを相談のときに、持参してください。本書も一緒に持参してください。読者サービスです。

発明学会の最寄り駅は、「都営大江戸線（地下鉄）・若松河田駅」です。

ＪＲなどの「新宿駅」で乗り換えるときは、都営大江戸線「新宿西口駅」をご利用ください。

「新宿西口駅」から、二つめの駅「若松河田駅（新宿西口駅→東新宿駅→若松河田駅）」です。

改札口を出てください。右側の方向が「河田口（地上出口）」です。真正面の壁に案内用の地図があります。その地図に「一般社団法人 発明学会」の場所が表示されています。

□①地上の出口「河田口」を出てください。最初の目標は、すぐ左側に見える「交番」です。
正面は、「青春出版社」です。

前の道は「職安通り」です。その道を左側方向へ歩いてください。

□②その次の目標は、そのまま歩道を２００ｍくらい歩いてください。
最初の「信号」です。左側に「毎日新聞の販売所」があります。

道路をはさんで右側には、「余丁町（よちょうまち）小学校」が見えます。

□③「毎日新聞の販売所」の角を「左折」してください。一方通行の細い道です。

□④10ｍくらい歩いてください。そこを「右折」してください。ここも細い道です。

□⑤そこから、２００ｍくらい歩いてください。右側の5階建ての黒っぽいビルが「一般社団法人 発明学会」です。「若松河田駅」から、徒歩約5分です。

遠方で面接相談にこられない方のために通信で手紙の相談も行なっています。

本書を読みました。……、と本の書名を書いて、出願の書類の形式にまとめた説明書と図面（イラスト）のコピーを送ってください。それで、書類の添削を受けるといいでしょう。

一言、本の感想も添えていただけると、うれしいです。

そのときのお願いです。用紙は、A列4番「A4」（横21㎝、縦29・7㎝）の白紙を使ってください。パソコンのワード（Word）、または、ていねいな字で書いて、必ず写し（コピー）を送ってください。

返信用の緒費用は、ご負担いただきます。「返信切手を貼付、郵便番号、住所、氏名を書いた封筒（定形外）、または、宛名を印刷したシール」も一緒に送ってください。

「一回・一件、体験相談」の諸費用は、返信用とは別に一件、84円切手×8枚です。

書類の宛先は、　〒162—0055 東京都新宿区余丁町7番1号
一般社団法人 発明学会　気付　中本繁実 宛て
読者の皆様、貴重な時間を使って、本書を最後まで読んでいただきまして、ありがとうございました。心から、お礼申し上げます。

あとがき　著者から贈る大事な話

本書を読んでいただいた人は、発明が次々と浮かんでくるようになったでしょう。

その発明を手軽く、手づくりで、特許庁に出願の手続きをするというセンスが必要です。それがない町（個人）の発明家が発明した○○の作品は、製品に結びつきません。ここがポイントです。

そこで、「発明の入門者」のあなたも、その出願の書類の書き方を練習しましょう。一人で悩まないでください。私が赤ペン先生です。お手伝いします。

はじめのころの発明は、多くの作品が製品に結びついていません。お金「ロイヤリティ（特許の実施料）」になっていません。それがわからなくて、○○の作品は儲かりそうです。だから、……、といって、出願の諸費用を数十万円も使う人がいます。それでは、すぐに〝発明貧乏〟〝出願貧乏〟になってしまいます。

過去の統計を見ると、町（個人）の発明家の場合は、15件くらい、出願の書類にまとめたころ、製品に結びつく作品が生まれています。

時間がかかるのは、○○の作品に夢中になりすぎて、関連した情報を集めないからです。情報が少ないのです。

また、第一志望の○○会社を決めていないことです。○○会社の業務内容を調べて、製品に結びつけるために傾向と対策を練っていないからです。

だから、それまでは、自分で出願の書類を書いてください。そして、出願の手続きをするときは、実費（特許印紙・1万4000円）ですませることです。

また、次の発明相談（一回・一件、体験相談）を利用してみるのも一方法でしょう。

発明相談（一回・一件、体験相談）では、発明学校にも出られない人のために、筆者が中心になって、毎月二回、全国から集まった発明のよしあしを検討しています。そのとき、検討作品に選ばれると、書類の添削をして、製品に結びつけてくれる会社を紹介しています。テレビ、新聞などのマスコミも紹介して、スポンサー探しもお手伝いします。

発明コンクール、ミニコンクールに応募する方法もあります。

そのとき選ばれなくても、発明の先行技術の情報、発明の批評もして返事をします。だから、参考になるでしょう。

ていねいな字で書いてお送りください。発明相談の諸費用は、84円切手×8枚です。原稿は、返送しませんので、必ずコピーをお送りください。
〒162―0055　東京都新宿区余丁町7番1号
一般社団法人 発明学会　気付　中本繁実 宛て

著者略歴

中本繁実（なかもと しげみ）

1953 年（昭和 28 年）長崎県西海市大瀬戸町生まれ。

長崎工業高校卒、工学院大学工学部卒、1979 年社団法人発明学会に入社し、現在は、会長。発明配達人として、講演、著作、テレビなどで「わかりやすい知的財産権の取り方・生かし方」、「わかりやすい特許出願書類の書き方」など、発明を企業に結びつけて製品化するための指導を行っている。初心者のかくれたアイデアを引き出し、たくみな図解力、軽妙洒脱な話力により、知的財産立国を目指す日本の発明最前線で活躍中。わかりやすい解説には定評がある。

座をなごませる進行役として、恋愛などのたとえばなし、言葉遊び（ダジャレ）を多用し、学生、受講生の意欲をたくみに引き出す講師（教師）として活躍している。洒落も、お酒も大好き。数多くの個人発明家に、成功ノウハウを伝授。発明・アイデアの指導の実績も豊富。東京発明学校校長、工学院大学非常勤講師、家では、非常勤お父さん。

日本経営協会　参与、改善・提案研究会 関東本部 企画運営委員

著作家、出版プロデューサー、１級テクニカルイラストレーション技能士。職業訓練指導員。

著書に『発明・アイデアの楽しみ方』（中央経済社）、『はじめて学ぶ知的財産権』（工学図書）、『発明に恋して一攫千金』（はまの出版）、『発明のすすめ』（勉誠出版）、『これでわかる立体図の描き方』（パワー社）、『誰にでもなれる発明お金持ち入門』（実業之日本社）、『はじめの一歩 一人で特許（実用新案・意匠・商標）の手続きをするならこの１冊　改訂版』（自由国民社）、『発明・特許への招待』『やさしい発明ビジネス入門』『マネされない地域・企業のブランド戦略』『発明魂』『知的財産権は誰でもとれる』『環境衛生工学の実践』（以上、日本地域社会研究所）、『特許出願かんたん教科書』（中央経済社）、『発明で一攫千金』(宝島社)、『発明！ヒット商品の開発』『企業が求める発明・アイデアがよくわかる本』『こうすれば発明・アイデアで一攫千金も夢じゃない！』『知識・知恵・素敵なアイデアをお金にする教科書』『誰でも発明家になれる！』（以上、日本地域社会研究所）など多数。

監修に『面白いほどよくわかる発明の世界史』（日本文芸社）、『売れるネーミングの商標出願法』『誰でも上手にイラストが描ける！基礎とコツ』（共に日本地域社会研究所）などのほか、 監修／テキストの執筆に、がくぶん『アイデア商品開発講座（通信教育）』テキスト６冊がある。

創造力《そうぞうりょく》の育《そだ》て方《かた》

2020年10月8日　第1刷発行

著　者　中本繁実《なかもとしげみ》
発行者　落合英秋
発行所　株式会社 日本地域社会研究所
〒167-0043　東京都杉並区上荻1-25-1
TEL（03）5397-1231 代表）
FAX（03）5397-1237
メールアドレス　tps@n-chiken.com
ホームページ　http://www.n-chiken.com
郵便振替口座　00150-1-41143
印刷所　中央精版印刷株式会社

ISBN978-4-89022-267-4